일본학 시리즈
6

사무라이의 마음, 일본의 마음
- 무도철학과 무사도 -

김 우 철 編譯

Academy House
學 士 院

편역자 서문(편역자의 마음)

일본의 무도武道나 무사도武士道는 전장戰場에서 적을 제압하는 실전적實戰的 살상殺傷 기술과 적을 '베는' 오직 이기는 불패不敗의 목적에 있었다.

모든 안일무사와 필요 없는 것은 모두 버리고 철저한 실리주의와 합리주의로 처신했던 사무라이들의 행동원칙으로 대내적으로는 무사들 자신이 실천해야 하는 엄격한 덕목으로 구성된 고도의 규율이며, 대외적으로는 일반 민중의 번영·행복을 위한 선의적善意的·복리적福利的 권장덕목의 실천윤리로 깊게 일본인들의 내면內面에 침전沈澱된 정신적인 것들이 시대의 변천에 따라 극한 상황에서 자신의 마음을 다스리는 법이 중요하다는 인식으로 발전하면서 사회적 규범과 인간형성을 도모하는 사상으로까지 지양止揚되었고, 일본 봉건시대의 유물이라는 무도와 무사도 사상은 현대에 와서도 서양의 많은 사람들의 입에 회자膾炙되고 있다.

또한 영화 라스트 사무라이(The Last Samurai · 2003 제작)나 일본 무도 및 무사도 관련 서적의 번역 보급을 통해 사무라이의 활복의식 행위가 생명의 반대편에 있는 죽음 앞에서도 죽음을 향해 주도권을 행사하는 고귀한 일본 무사의 정신으로, 강용무비(剛勇無比·강하고 용맹스럽기 비할 데 없는 사람)의 화신으로 서구사회에 널리 알려지면서 경외심을 불러일으킨 것도 사실이다. 그러나 오늘날에 경기 스포츠가 되어 버린 무도스포츠에 익숙해 버린 보편의 일본인들에 비해, 오히려 서구 국가에서 일본 무도의 정신성과 무사도 사상의 가치를 인식하는 현상이 일어나고 있다.

국제화·세계화를 부르짖는 현재 우리는 일본에 대해서 식민지배라는 아프고 부끄러운 과거가 우리에게 씌운 '일본은 나쁜 놈'이라는 국수주의나 감정적 사고의 틀 때문에 피해자로서의 원한怨恨을 품고 있는 요즘, 일본의 무역 제재와 관련해 반일 강경론이 대두하고 있는 한·일 양국 관계의 현실에서 일본인의 정신과 사무라이 정신의 뿌리인 무도와 무사도 사상의 현대적 의미와 일본인들의 행동 양식과의 연관성에 대해, 그리고 일본의 속마음(本音·혼네)을 알기 위한 핵심적 문화 코드로 일본 무도와 무사도 사상에 관심과 함께 현실적 역사의식으로 인식하고 있어야 한다고 생각한다. 이러한 작업의 일단을 담당한다는 동기動機로부터 일본 자료를 번역 및 편집하기 시작하여 겨우 출판하게 된 책이『사무라이의 마음, 일본의 마음 - 무도철학과 무사도 -』이다.

나아가 지금의 일본과 한국 사이에는 불행했던 과거 역사와 더불어 지울 수 없는 큰 상처를 남기게 되었고, 일본 정부의 국가전략에 따른 경제전쟁으로 인해 일본 제품의 불매운동과 같은 극일克日 정서가 팽배한 우리나라에서는 무도와 무사도가 일본 정신의 뿌리라고 얘기하는 것조차 부담스럽고, 일본 근대화 성공의 이면에 사무라이 정신이 있었다는 연구나 논의 자체가 한·일 관계가 매우 불편한 요즘은 친일파·매국노로 몰릴 수도 있다.

그리고 과거 일본의 식민지배 전략의 일환에 따라 러·일 전쟁의 목적도 '조선지배'였으며 1910년 한·일 강제병합도 미국이 태프트-카츠라 조약(Taft-Katsura Secret Agreement, 1905년)으로 일본의 극동 침략을 묵인한 결과였다는 구한말의 풍전등화風前燈火와 같았던 상황과 조선의

지배집단이 어떻게 나라를 망하는 길로 이끌었는지 한·일 양국의 분위기는 이렇듯 극명하게 대비된다. 그 결과는 익히 알고 있는 것과 같이 대한제국은 역사 속으로 사라졌다. 이처럼 우리 역사의 어두운 일면을 치욕스러워하는 정서가 있을 수밖에 없다.

그렇지만 정부의 핵심 고위 공직자의 입에서 국수주의에 호소하거나 감상적인 민족의식의 발로에서 한다는 소리가 고작 '죽창가竹槍歌·의병·이순신 장군·12척의 배' 운운하며 결기 어린 단어들로 외치면 덩달아 들썩이는 얼치기 전문가들의 우왕좌왕으로는 일본을 대적할 수 없다.

사무라이들은 능수능란한 현실주의자이다. 자국의 이익을 위해서라면 어떠한 일도 마다하지 않는다. 그러나 우리는 한·일 간의 경제전쟁으로 누란累卵의 시국이지만 일본의 실체를 객관적으로 보려하지 않고 무지無知하다고 생각해도 과언이 아닐 정도로 어설프게 왜곡된 일본 정신의 핵심적 문화코드를 간과看過하고 있다.

제국의 첨병 역할을 한 무도 및 무사도 사상이나 역사가 우리나라 대중들에게 왜구(倭寇·13~16세기에 중국과 우리나라의 연해를 무대로 약탈을 일삼던 해적)수준으로 비하하도록 부추기거나 치부하여 그 실체가 잘못 알려져 왔던 것도 사실이다.

이처럼 우리는 일본에 대해서는 이성보다는 감성에 기대는 태도, 객관보다는 주관, 사실보다 느낌이 찬양받는 사고가 뿌리 깊다. 우리는 지금 일제강점기日帝强占期를 다시 경험할 것도 아니다. 다만 지금의 한·일 양국의 갈등과 대립의 해법으로 구한말의 역사적 교훈을 스스로를 돌아보는 타산지석他山之石으로 삼고 반면교사反面教師로 배웠으면 한다.

그래서 극일克日을 위해서는 그들의 속마음을 꿰뚫어보아야 한다. 또한 일본 국민의 마음을 지배하고 있는 심리 코드인 사무라이 정신의 뿌리와 정신성을 규명해 나가면서 과거와 현재의 일본 무도철학과 무사도 사상이 목적하는 바를 이해하고자 본서를 편집하게 되었다.

이와 관련, 일본 정신의 뿌리인 사무라이 정신에 대해 옹호하거나 비판도 아닌 국가나 이념을 초월해서 지금 벌어지고 있는 한·일 양국 간의 갈등과 국가 전략적 충돌 문제에 대처하기 위해서도 일본정신의 뿌리를 알아야 될 시점에 와있다고 생각한다.

역사공부는 그것을 표본으로 하고, 사실을 분석해서 두 번 다시 같은 역사적 실수를 범하지 않도록 반성하는데 그 의의가 있다. 그래서 감정만을 내세우기보다 극일克日을 위해서는 일본 정신의 뿌리인 무도와 무사도의 역사와 사상에 대해, 그리고 일본 정신문화의 원류源流인 무사도 사상을 알기 쉽고, 역사지식이나 어려운 문장 이해에 대한 충실한 설명으로 부담 없이 읽을 수 있도록 일본 자료의 원문을 충실하게 번역하고 편집하였다.

또한 일본 사무라이 정신의 뿌리를 알고자 하는 독자들을 위하여 배려하려고 애를 썼다.

원래의 의도는 일본 무도철학과 무사도 사상에 관한 여러 가지 과제를 제시하여 독자들의 지성知性에 호소하여 함께 논의하고자 하는 데에 있었다. 그리고 이 책을 통하여 일본 사무라이 정신의 뿌리인 무도철학과 무사도 사상의 현대적 의미에 대해 종합적으로 조명하는 논의를 보다 활발하게 전개되었으면 하는 희망을 가지고 있다.

이 책은 일본 무도철학과 무사도론을 총정리하고 조망한 내용을 다양한 시각을 가진 일본 국내외 식자들 '후쿠자와 유기치·우치무라 칸조·니토베 이나조' 등의 무도 철학과 무사도론을 엮은 책이다.

그리고 한·일 관계에서 감정에 이성이 마비된 지금의 현실에서 일본의 본심(속마음)을 분석하는 계기가 되기를 바라면서 비록 편역자의 예리하고 비판적 담론談論과 사상적 분석의 내용이 풍부하지 않음에도 불구하고, 원고를 다듬고, 고치고 정리하여 출판을 시도한 것이므로 널리 일본 전문가들과 일반 독자들의 질정叱正을 기다리겠다.

마지막으로 어려운 여건 속에서 이 책의 출판을 위해 기획부터 출판까지 애써주신 학사원 출판사의 장세진 사장님에게 진심으로 감사의 마음을 전하는 바입니다.

2019. 10월
대구보건대학교 교수 김우철

【목 차】

편역자 서문(편역자의 마음) ································ 3

제1부 일본 무도의 철학적 고찰
(일본 무도의 정신)

1. 무예와 무도 ··· 15
2. 무도와 스포츠 ······································ 32
3. 순수무도 ·· 54
4. 무도와 예도 ··· 67
5. 기술과 묘술 ··· 75

제2부 무사의 마음, 일본의 마음
(일본인의 무사도 사상)

1. 무사도의 사상 ····································· 103
2. 무도와 무사도 ····································· 132
3. 무사의 마음과 일본의 마음 ···················· 163

참고문헌 ··· 194

제1부
일본 무도의 철학적 고찰
(일본 무도의 정신)

1. 무예와 무도
2. 무도와 스포츠
3. 순수무도
4. 무도와 예도
5. 기술과 묘술

1. 무예(武藝·武技)와 무도武道

「무도武道」라는 단어는 중국 고전에 나와 있다. 당나라 시대, 이상은李商隱의 『이의산李義山 시집』에 「충효양전 문무양도(忠孝兩全 文武兩道·충성과 효도를 다 갖추려면 학문과 무예 두 가지를 다 겸비해야 한다)」가 있듯이 문무겸비文武兼備의 필요를 주장한 것으로서 유명한 공자의 「有文事者必有武備(문관에 있는 자라 할지라도 반드시 전쟁을 대비해야 한다. ―출전 : 十八史略―공자가 노나라의 재상 자리에 있을 때 노나라 임금 정공定公에게 진언한 말)」 등이다.

무도는 「무武」와 「도道」의 두 글자가 숙어로서 하나의 단어로 되어 있다. 물론 한자漢字는 각각의 의미를 가지며 조합됨으로써 각각의 복합적인 뜻을 담당하거나 새로운 의미를 만들기도 한다.

무도의 경우는 「무武의 도道」, 또는 「무사武士의 도道」라는 조합형이 되어 다도茶道·서도書道·화도畵道·기도(棋道·

장기나 바둑을 둘 때의 예절) 등과 동류同類이다. 모두 행위와 동작을 함유한 기능을 의미하는 말과 「도道」가 조합되어 있다.

「무武」자에 대해서는 회의문자로서 戈＋止(창을 세우다) 戈＋足(무기를 가지고 나아가다), 戈＋正(창을 바르게 하다) 등 제설이 있으나 무도라는 단어의 의미는 대략 다음 3가지로 나누어진다.

① 무사가 지켜야 할 도道, 무사도武士道와 같다.
② 무술에 관한 도道, 군사상의 내용, 무사로서의 항상 갖추어야 할 것, 즉 궁·마·창·검 등 무예에 관한 기술단련을 말한다.
③ 가부키 용어에서 무술에 통달한 충의로운 무사로 분장하는 역, 무도방(武道方·무도를 담당하는 사람)을 말한다.

여기서는 ③은 별도로 하고, 사전적 해석으로 본다면 무도武道에는 솜씨와는 직접 관계가 없고, 도덕·윤리 측면의 사상개념과 무술·무예에 관한 수행과 방법의 개념으로 대별할 수 있으나, 어쨌든 원래 문도文道에 대비하는 단어였다.

또한 무도武道와 무사도武士道는 때로는 같은 의미로 사용되기도 한다. 『하가쿠레(葉隱·잎새에 숨다)』 등에는 무사도, 또는 무도로 사무라이(侍)*의 삶(生)이나 마음가짐을 기술하고 있으나 같은 의미이다. 그렇지만 본장에서는 무도와 무사도를 구별한다.

*역자주 : 사무라이라는 용어는 무술을 익혀 귀인의 신변을 호위하던 상급무사로 귀족 출신인 무사를 가리키는 것이었지만, 12세기에 두 왕족 출신의 미나모토씨源氏와 타이라씨平氏 간의 전쟁에서 미나모토 요리토모源賴朝가 승리한 후 카마쿠라 바쿠후謙倉幕府를 열어 이후 무로마치 바쿠후室町幕府·에도 바쿠후江戶幕府들이 권력을 장악하여 1868년 메이지 유신明治維新 때까지 700여 년간의 일본 정치를 지배한 무사계급에 소속된 모든 사람을 지칭한다.

무사도는 번주藩主와 신하, 영주領主와 백성, 무사武士와 농·공·상의 서민으로 계층조직이 고착된 일본 봉건사회에서 '무사'계층이 지켜야 할 도道이다. 무사도는 일본 민족 고유의 도덕으로 반드시 무사가 지켜야 할 도道이며, 무용武勇·절의節義를 중요시하고 염치·예의를 숭상한다.

서양 중세 봉건사회는 기사도(Rittertum독·Knighthood)가 발달했다. 이들 기사騎士는 명예를 중요시하고 사랑에 살며, 군주 또는 영주와 주종관계를 맺고 예의범절과 무술을 배운 후 기사작위를 받고 충성을 맹세하고 봉사한다. 서양 기사도는 일본 무사도와는 그 분위기가 사뭇 다르다.

무사도에 있어서 무도武道란 '무예를 통한 인간의 진실한 도道'라는 의미이다. 인간의 진실한 도道는 일본 봉건사회의 특수한 산물이 아니라, 널리 인류에게 일반적으로 지칭되는 인간의 도道로 해석한다. 그러므로 무도는 발생과 성립에 있어 일본의 사회와 민족에 힘입은 바가 심대하더라도, 단순히 일본의 전통적 도덕이나 신념이 아닌, 무도武道는 인류에게 널리 개방된 사명使命을 띠고 있다.

무도의 이념은 널리 국제적·인류적으로 공통되는 보편적인 것이며, 폐쇄적인 도덕이나 신념이 아니다. 무도가 일본 전통에서 현저하게 발달하였음은 부정할 수 없다. 그러나 '무도정신·무도 마음·무도인의 혼魂'은 널리 인적이다. 이와 관련, 일본 무도의 사명은 앞으로 자기심화와 함께 세계문화의 공헌에도 중대한 임무가 부과되어 있다.

일본에서 무도가 '무예武藝'로서 인간의 도道임을 깨닫게 된 것은 언제부터이며, 또 어떠한 내력이 있는가? 역사적인 문제에 대해서는 이미 많은 연구가 이루어져, 본장에서는 이 문제를 깊이 다루지 않고, 대략적인 윤곽과 줄거리만을 밝힌다.

무기・무예(武技・武藝)는 인류 최초에도 무기(武器 : 전쟁・수렵도구)를 이용하여 적敵 또는 사냥감을 죽이고, 물리치고, 쫓기 위한 기술이었다. 고대에는 신神을 보호하는 일로 해석되어, 무예에 뛰어남은 신의 뜻으로 받아들이는 신앙으로 존재하였다. 신사神祠 등에서 실시하는 무예봉납(武藝奉納・신불神佛에게 헌상하는 무예) 시합의 마음에는 기본적으로 이러한 생각이 지배하고 있었다.

현대에서도 형식적으로는 신사神祠 중심의 선수권시합으로 전승되고 있다. 무예는 개인 간의 투쟁(싸움) 수단으로써 이용되었고, 집단의 싸움 수단으로써 전쟁에 이용되었다. 그 방법은 사회와 시대의 추이, 과학 등의 발달과 함께 서서히 정교해지고 예리해져 오늘에 이르게 되었.

일본에서 무기武技를 무도武道로서 깨닫게 된 것은 역시

전란戰亂이 안정되고 태평스러운 세상이 도래한 후부터이다. 무도가 사상적·신념적으로 충실하게 정비된 시기는 에도시대江戶時代 이후이다. 적을 죽이고 무너뜨릴 필요가 없어지게 된 무예는 쇠퇴하는 운명에 놓이게 되자 인간의 도道로서 새롭게 재탄생하였다.

윤리관념·종교적 의식의 발달과 함께 사람을 폭력으로 죽이고 무너뜨리는 일은 큰 죄악으로 자각하게 된 것이다. 가령 이 자각을 철저히 주지시켰더라면 무예武藝는 폐지되었겠지만 태평스러운 세상에서도 무예는 존속하였다.

이처럼 전쟁의 수단인 무예는 쇠퇴에 직면해 있었지만 사무라이들은 사회적인 질서유지와 태평스러운 세상이라도 난세亂世의 일을 잊지 않는다는 의미로 무예는 존재 의의를 가진 것이다.

무예는 새로운 인간 진실의 도道를 매개하는 매우 적절한 수단으로써 자각하게 된 것이다. 무엇 때문일까? 그것은 무예가 인간 생사에 직접 관계하여 생사를 건 활동이었기 때문이다. 인간의 인생에서 궁극적 태도는 결국 생사에 대하여 어떻게 대처하는가에 달려 있기 때문이다. 생사에 직접 관계가 있음을 가장 잘 체험하고 자각하는 활동은 무예활동이었기 때문이다.

　인간생활을 깊이 성찰해 보면, 한순간 자기 앞에 무슨 일이 일어날지 아무도 모른다. 과학연구의 진보발달로 인해 자연법칙과 사회법칙도 서서히 밝혀지고 있으며, 이 방면의 지식은 더욱더 정밀해지고 상세해졌다.

　과학이 발달하기 이전에는 두려워하던 각종 유령・요괴도 과학적인 설명과 해석으로 모습을 감추고 말았다. 다만 현대에서도 과학적 설명과 그 대응 처리를 거부하고 있는 자연현상과 인생사실도 많이 있지만, 머지않아 대부분 과학적으로 해결될 것이다. 유한한 인간이 무한하다고 인식하는 절대적인 세상사를 언어로(인간의 언어와 개념은 모두 상대적이다) 표현하는 일은 아무리 과학이 진보하더라도 불가능하다. 과학은 상대적으로 고찰考察할 수밖에 없다. 과학적인 표현은 모두 상대적이기 때문이다. 순수시간의 문제 등은 역시 과학적 인식을 거부한다. 시계의 시간은 물리적인 시간이며 공간화된 시간에 불과하다. 순수시간은 공간화할 수 없는 완전히 주체적인 것이다. 때문에 결코 대상화할 수 없는 본질을 가진다.

인생에서 매 순간마다 무엇이 일어날지는 어떤 일이 일어나지 않으면 알 수 없다. 일어날 수 있는 일은 과학적으로 계산할 수 있다. 이러한 종류의 불완전한 계산은 머지않아 서서히 개량화改良化된다. 과거의 기상예보가 가능성 계산이 불완전한 영역이며, 거의 개연성을 밝힐 수 없는 확률밖에 갖고 있지 않았지만, 현대과학의 단계에서는 점차 개선되었다. 물론 위와 같이 모든 과학적 지식은 상대적 지식에 그치기 때문에 과학의 진보는 그저 끝없이 나아갈 뿐이며, 여기서 끝이나 완결은 없다. 예측을 완성할 수 있는 방법은 앞으로 더욱 더 진보할 것이다.

예측豫測과 예지豫知가 아무리 확실하더라도 실제로 일이 일어나지 않으면 알 수 없다. 자택에서 근무지 직장으로 출근할 때 거의 100%의 확률로 도착한다고 예측할 수 있더라도 확률이 100%가 될 수는 없다. 직장에 도착했을 때 비로소 확인되어 100%가 된다. 이처럼 인생에 있어 한 순간 앞의 일은 본질적으로는 불확실하다. 현재 찰나刹那(약 0.013초)에는 살아있더라도 한 순간 앞에 무엇이 일어날지 모른다. 언제 죽을 지도 모르는 것이 인생이다.

『성경』에서도 인생은 아침에 피었다가 저녁에 진바 되는 꽃과 같고, 더 나아가서는 일시간 즉 한호흡 사이에 있다고 했다. 결국 인간의 생명은 하루살이와 같은 인생이라는 의미이다. 매미는 7년을 땅 속에서 머물다 여름 한 철 번식을 위해 보름 남짓 울다가 사라진다. 죽어가는 시한부의 생生이라는 것을 까맣게 잊고, 곧 죽을 것 같지 않은 매미 소리(無常·덧없음)가 이와 같다.

인생에서 엄밀히 생각하면 사람은 매순간 생사의 갈림길을 헤매고 있다. 늘 지나치게 의식하거나 자각하지 않을 뿐이다. 인생에서 항상 목숨을 걸고 있음이 진상(眞相·참된 모습)이라면 자각을 항상 잊지 않고 이에 의거하여 만사를 처리해야 한다. 이러한 마음을 부단히 지속시키고 충실히 하여 심화하는 가장 좋은 방법은 무예이다. 왜냐하면, 인간활동에서 삶生과 죽음死을 가장 잘 체험할 수 있는 방법이 무예(武技)이기 때문이다.

이리하여 인간이 무예활동을 근본적으로 철저하게 생활하기 위한 도道로서 자각하고 노력하게 되었다면 생사를 건 생명작용은 무엇인가? 이는 목숨을 건 마음이며 결단의 작용이다.

수영도 일본 전통무예의 하나이지만 바다 위에 세워진 다이빙대 최상단에 서서, 망망대해를 앞에 두고 과감하게 곤두박질치며 뛰어들 때의 마음은 실로 옥쇄(玉碎: 공명·충절을 위해 깨끗하게 죽음)적이며, 결과를 생각하지 않는 목숨을 건 행동이라 할 수 있다. 뛰어 들었을 때는 이미 어떤 결과에 대한 생각이 마음에는 없다. 알 수 없는 것으로 빨려 들어간다. 알 수 없는 것에 몸을 맡긴다는 의미이다. 과감한 결단의 궁극적인 현상現象이다. 자기보신自己保身의 마음이 조금이라도 움직인다면 결국 다이빙은 실패한다. 미적거리는 다이빙은 좋게 말하면 곤두박질칠 때 가슴을 해면에 강타하는 정도이다.

무도연습에서는 어정쩡한 기술을 배제한다. 연속기술은 다르지만 어정쩡한 기술은 채용하지 않고 대담한 '이기느냐 지느냐'의 기술을 중요시한다. 실로 순수한 결단을 활용하기 위해서이다. 유도柔道의 선기술立技을 펼칠 때 되치기를 당하지 않을까 걱정하게 되면 기술은 펼칠 수 없다. 되치기를 당해도 관계없다고 결단하면 훌륭한 기술을 펼칠 수 있다. 결과는 하늘에 맡긴다. 하늘에 맡긴다는 의미는 그저 최선을 다하는 의미로 하늘의 판단은 하늘만 알 뿐, 절대로 관여할 수 없다. 목숨을 건다는 의미는 사리사욕의 자기보신을 버리는 일이다.

결단이란 지知·정情·의意적 숙려(熟慮·충분히 생각하여 판단함)의 행위로 결과의 성패를 초절대적이고 초인간적인 것에 귀의歸依한다는 의미이다. 귀의한다는 의미는 의지함이다. 사람이 행하고 결과는 초절대자에게 맡긴다. 목숨을 건 마음의 근저는 이 결단을 통해 유지된다.

목숨을 건다는 의미는 목숨을 걸고서 살기를 기대해서는 안 된다. 살기를 기대한다면 더 이상 순수한 목숨을 건 행위라 할 수 없다.

"계획은 사람이 세우나 성패는 하늘이 결정한다(Man propose, God disposes.·Der Mensch denkt, Gott lenkt.)." 참되게 목숨을 건, 진정한 결단은 자기의 몸과 마음을 어떤 초월적·초인간적 절대자에 귀의한다는 의미이다. 초인간적·초절적(transcendent) 절대자를 도道라고도 한다.

매 순간마다 생사를 걸고 결단을 감행한다는 것은 초인

간적인 도道에 자신을 맡긴다는 의미이다. 이것을 할 수 있는 것은 초월대적인 도道가 감추어져 있기 때문이다. 우리가 계획할 수 있는 일이 아니라고 자각하게 된다.

도道를 부처佛라 한다면 "그저 내 몸도 마음도 잊고 부처에 귀의하여, 부처 곁에서 도리에 따라 갈 때 힘도 마음도 비우고 생사를 떠나 부처가 된다"는 것이다.

이와 같이 처음은 자기중심·인간중심의 생활이었던 일이 절대적인 도道를 중심으로 생활이 바뀐다. 무예활동이 무도로서 자각하게 되면 절대적인 도(道·이것을 하늘이며 부처라 해도 좋다. 또한 무無라 해도 좋다)를 중심으로 한 인간생활의 실현을 염원한다. "천지와 우리는 같다" "만물과 우리는 하나다(物我一體·일체 대상과 그것을 마주한 주체 사이에 어떠한 구별도 없는 것)"라는 신념을 배양해준다.

무예활동에서 '죽이고 이겨야 하는 적'은 타인이다. 적을 죽이지 않는 무도가 버려야 하는 것은 내면의 사리사욕인 자기보신自己保身의 마음이다.

어떤 검술가가 노후에 말하길 "일생 동안의 수행에는 5단계가 있다. 하위下位는 수행에 숙달하지 못하고 자신도

서투르다고 생각하며, 타인도 자기 일이 서투르다고 생각한다. 이대로라면 쓸모가 없다. 중위中位는 자신의 부족한 점을 이해하고 타인의 부족한 점도 안다. 상위上位는 자기 일을 더듬거리지 않으며, 자만하며 타인의 칭찬을 기뻐하고, 타인의 부족을 탄식한다. 상상위上上位는 자신의 강점을 겉으로 드러내지 않고 다른 사람도 강하다고 생각한다. 대체로 인간은 여기까지이다. 이 위에는 극위極位의 경지가 있다. 도道를 깊이 파고들면 끝이 없음을 깨닫고, 도道를 깨우쳤다는 마음을 버린다. 자신에게 부족함이 있음을 절실하게 깨닫고, 평생 동안 성취할 생각도 버리고, 자만하지 않고, 자신을 비하하지도 않는다.

야규 무네노리(柳生宗矩·1571~1646)님은 '사람에게 이기는 도를 알지 못하고 자신에게 이기는 도를 알고자 한다'고 말하는 이유로 어제보다는 오늘이 더 좋아지고, 오늘보다는 숙달되어 일평생을 매일 완성해가는 것이므로 이것은 끝이 없다"고 했다.

"사람에게 이기는 도道는 알지 않고 나에게 이기는 도道를 알고자 한다"는 야규柳生님의 체험고백은 바로 무예를 매개로 한 '자기를 이기는' 도道의 실천이라 생각한 것이다. 인간은 어떻게 하더라도 이기보신利己保身의 욕심을 버리지 못한 채, 보신을 방해하는 문제는 외면한다. 즉, 보신을 방해하는 문제는 멀리하고 회피하려고 한다.

인간은 죽는 것임에도 불구하고 자기는 다르다며, 마치 영원히 살 것이라는 마음으로 하루하루를 보내는 것이 일반적인 현상이다.

인간은 항상 죽음에 직면해 있다. 자기보신욕에 방해되는 것은 되도록이면 보지 않으려고 하는 죽음의 진실을 정면으로 체험하는 방법이 무도이다.

죽음은 영원의 세계, 절대 영원한 도道에 속한다. 항상 죽음에 직면하고 있다는 것은 영원하고 절대적인 도道에 직면하여 흡수되고 귀의하려는 것이다. 결코 생리적 죽음에 흡수된다는 의미가 아니다. 살면서 죽고, 죽어가면서 살아가는, 삶과 죽음이 서로 어울려 작용한다는 것이다. 삶과 죽음은 하나이다.

살아가면서 죽어가는 생리적인 죽음을 실현하는 것은 쉽다. 죽는 것보다 살아있음이 어려운 것이 무도수행의 궁극적인 안목(眼目·사물을 보고 분별하는 견식)이다. 사리사욕, 자

1. 무예와 무도   **29**

기보신욕을 없애는 것이 이 경우의 죽음이다.

 이처럼 "살아가면서 죽은 사람이 되어 마음대로 한다"는 것은 그 동안의 소식(消息·천지의 시운이 끊임없이 변화하고 순환하는 일)을 노래로 불렀다. 자기보신욕自己保身慾을 버리는 의미는 더 이상 인간적으로 완성할 수 있는 것이 아니다. 반드시 영원절대의 도道의 힘만이 가능하다. 작은 자기를 극복하고 절대적인 도道에 귀의歸依한다. 오히려 절대적 대도大道가 인간의 마음을 감싸준다.

 무도는 이러한 인생의 근본활동을 정확하게 실현시키는 인간 활동이지만, 무도 외에는 이것을 할 수 없다. 더 이상 과감하게 기술을 걸고, 과감하게 검劍을 내려칠 때 자기보신自己保身은 없다. 보신에 급급한 자기를 버리는 것이 무도이다. 다 버림으로써 스스로 대도大道에 흡수되어간다. 그렇게 다 버리면서 추호도 결과를 고려(考慮·생각하고 헤아림)하지 않는다. 이기기를 고집하는 것은 자기를 버리지 않았다는 증거이다. 목숨을 건 기술이야 말로 무도의 극의이다.

 "활을 당김에 있어서 화살이 어디로 날아가는 지를 신

경쓰지 않는다. 힘껏 당길 수 있는 만큼 당겨서 놓으면 된다"고 말하는 것처럼 검도劍道 극의의 마음은 다만 하나로(有一無二) 자신을 버리고, 있는 힘껏 전력을 다하는 데 있다.

이 점에서 고인의 노래에 "산골짜기의 바닥을 흐르는 상수리 열매도 / 자신(몸)을 버려야만 뜰 수 있다"는 아래의 구句는 처음을 제외하고 음미해야 한다. 자신을 버리고 최선을 다하지 않는 데는 어떠한 성과를 기대할 수 없다. 여기에는 오로지 자신을 버리는 것만이 있을 뿐이다. '필사적으로 적을 이긴다'로 보는 견해도 노래의 해석으로서는 적당치 않다.

무예(武技・武藝)가 무도로 펼칠 수 있게 된 사정에는 사회조직의 변동, 인지의 발달 등도 관계가 있지만, 무도의 사상적 내용과 신념을 키운 것은 카마쿠라 시대鎌倉時代 이후의 선사상禪思想임은 부정할 수 없다.

선심禪心・선禪 수행법은 무예를 확립시켰으며, 일본의 모든 전통예능을 예도藝道로서 확립시킨 정신적 지주이다. 제아미(世阿弥・1363~1443, 일본의 전통 가무극인 노能를 완성한 예능인)의

노가쿠能樂, 센노리큐(千利休·1522~1591, 일본 다도를 정립하고 화경청적和敬淸寂의 사규와 차를 끓여 대접하는 마음가짐의 일곱 가지 칠칙을 완성시킨 다도인)의 와비차ゎび茶 등과 같은 것은 두드러진 예例이다. 이처럼 선禪을 말하지 않고서는 일본 전통예도를 말할 수 없고, 무도를 이해할 수 없다.

"크게 한번 죽고 크게 살아서 성취를 이룬다(大死一番, 大活現成)"이나 "운명을 건 단판 승부(乾坤一擲)" 또는 "전후제단(前後際斷 : 앞뒤의 사이·경계를 끊음, 즉 과거도 없고 미래도 없다. 절대적 현재가 있을 뿐으로 영원의 지금인 현실, 바로 이 자리에서 실천으로 옮겨야 한다는 의미)"의 경지에서 절대적인 진실을 찾는다고 믿는 선禪을 떠나서는 인간의 도道로서 무도武道는 생각할 수 없다.

2. 무도와 스포츠

무도武道의 본질을 밝히기 위해서는 무도와 스포츠와의 차이를 살펴보는 것이 필요하다. 무도는 일본 전통문화로서 일본인의 마음에 깊이 자리하고 있다. 마치 불교와 유교가 일본인의 일상생활에 밀접하게 녹아있는 것과 같다. 일본인의 생활 용어에는 불교와 유교의 용어를 많이 접할 수 있다. 메이지明治 이후 일본에 서양 스포츠가 걷잡을 수 없게 유입되고, 1964년 도쿄올림픽 개최를 중심으로 스포츠가 연출하는 사회적·교육적 역할은 컸다.

서양 스포츠의 기원은 고대 그리스 올림픽경기에 있다고 할 수 있다. 올림픽경기는 원래 종교적인 행사였다. 고대 그리스인은 올림포스 산(Olympos Mount)에 살고 있다고 믿는 신神들과 함께 인생을 즐기는 행사로서 올림픽을 시작하였으며, 나아가 인간이 신들에게 현재 상황을 보고한다는 의미도 있었다. 고대 그리스인의 신에 대한 관점은 신을 완전히 인간화하였다. 신들은 인간과 마찬가지로 희로애락을 느끼며, 투쟁·질투 등을 하고 인간과 함께 행동한다고 믿었다. 여기에 고대 그리스인의 인간중심주의 사고를 엿볼 수 있다.

인간중심주의가 근세 초기 르네상스로 부활하여 현대에 이르고 있다. 그리스도교, 특히 중세 그리스도교는 오로지 영혼을 중요시하고 육신을 죄의 원천으로 배척한다는 방침을 강경하게 채택하였다. 중세 그리스도교 시대에는 스포츠를 금지시켜 버려서 올림픽이 열리지 않았다. 스포츠는 그리스적Greece的이다.

근세近世 유럽문화는 르네상스 운동에 의해 발흥하였으나 중심사상은 그리스도교와 그리스 문명에 있다. 특히 그리스의 문명적 인간중심적 인생관은 인간의 행복을 세상에 실현하고 즐기는 것이 인간으로 태어난 의의意義라고 믿고 있다.

행복은 감각적 욕망의 만족과 정신적 심신의 동시 만족

도 있지만, 어쨌든 즐기는 것이 인생의 목적이며 인간의 행복으로 믿었다. 즉 행복주의가 사람들의 인생관이라 할 수 있다.

그리스도교는 인생 중심적 행복주의를 반대한다. 대표자는 아우구스티누스(Augustinus · 354~430)이다. 근세에 이르러 행복주의에 정면으로 반대한 사람으로 칸트(Kant · 1724~1804)가 있다. 서양에서 중세中世 및 근세近世에 그리스적 행복주의에 반대하는 사람도 있었지만, 그리스Greece 사상은 행복주의였다. 대표적 사상은 인간의 심신능력의 원만한 발달에 의한 만족감을 추구하였다.

메이지明治 이후, 일본은 그리스적 스포츠와 아울러 일본 전통 무도도 학교교육에 채택하였다. 그리고 순수무도純粹武道와 스포츠무도로 나누어지는데 특히 주목할 필요가 있었다.

스포츠무도는 승패로서 흥미를 샘솟게 하며, 체육에 이바지하여 사회생활·국제인國際人으로서의 생활에 도움을 주는 흔히 말하는 격기格技스포츠(combat sports, martial art sports · 동양에서 유래한 맨손 무예스포츠)이다. 스포츠무도는 일정한 심판

규정을 제정하고 규칙에 따라서 승패를 가리는 운동경기이다. 일반적으로 운동경기 때 일본에 전통적으로 발달해 온 무예종목을 포함시켜 실시하는 것이 스포츠무도이다. 시합시간을 정하고 일정한 위험기술을 금지하는 등 다양한 심판규정과 약속이 정해져 있다.

약속과 규정의 목적은 첫째, 무예를 운동경기에 포함하여 개인적으로 심신을 연마하고 사회적 국제인으로서의 마음을 양성하는 데에 있었다. 이 점은 다른 서양 전래의 각종 스포츠도 마찬가지이다.

스포츠훈련을 통하여 집단훈련이 이루어졌다는 것은 교육상 특히 주목할 만하다. 그 밖의 스포츠에 많은 인간관계 형성의 효과가 있음은 말할 필요도 없다.

스포츠의 사회적 역할에서 주의해야 할 점은 아마추어리즘amateurism의 장점에 있다. 올림픽참가에는 아마추어amateur규정이 있으며 엄격히 지켜지고 있다. 스포츠는 원래 아마추어를 지칭한다. 아마추어는 라틴어의 아마토르(amator, 애호자·lover, Liebhaber)에서 유래된 단어이다.

근대 스포츠는 프랑스어를 근거로 하여 영어·독일어로

도 사용되고 있다. 어떤 예술·공예·게임·경기에 종사하여 전념함으로써 생기는 즐거움을 위해 참가하는 사람으로, 금전적 수입에 의한 즐거움이 아니라, 경기 자체에 직접적으로 관계해서 즐거움을 위한 경기·예능 등에 종사하는 사람들을 아마추어라 한다.

고대 올림픽경기에 참가한 선수에게 보수를 주어 무용武勇을 선전한 이른바 프로페셔널 선수들과 구별하여, 경모(敬慕·존경하고 사모함)의 정을 담아 올림픽선수를 아마토르(amator·애호자)라 불렀다. 그래서 아마추어란 '어떠한 일을 업(業·직업)으로서 또는 생활수단으로 하는 것이 아니라 즐거움을 위해 행하는 사람'이라는 의미가 되었다.

즉 아마추어란 '애호하는 자'를 의미한다. "어떤 사람이 어떤 일을 할 때 유명해지거나 돈을 벌 목적으로 하지 않을 뿐더러, 심지어는 그 일을 훌륭하게 해 내려는 생각도 없이 한다면 그는 틀림없이 그 일을 대단히 사랑하는 것이다."

일본체육협회가 쇼와昭和 32년인 1957년 12월 4일에(1957

년 4월 제정한 '아마추어 규정'을 개정한 내용) 시행한 아마추어 규정은 다음과 같다.

"아마추어 스포츠는 그것을 애호하기 때문에 실시한다. 타인으로부터 강제되거나 이용利用되지 않고 스스로 좋아하기 때문이다. 스포츠가 다른 목적을 위해 특히 금전·명성·광고 등의 목적을 위해 이용되거나 흥행거리가 되는 내용은 아마추어 스포츠의 본질에 위배된다."

규정에도 아마추어 스포츠에서 프로페셔널 선수를 제외시키고, 경기를 가르치고 연기演技하는 것이 생활 본업인 전문가를 제외하고 있다. 그저 비전문가와 전문가, 비직업인과 직업인의 구별이, 경우에 따라서 용어 해석으로 인해 상당히 어려울 때도 있다. 아마추어는 비전문가를 의미한다.

비전문가와 전문가의 구별은 대략 다음과 같다.
(1) 비전문가 : ① 평범한 사람凡人·서민庶民·일반 시민 ② 예술 등의 직업인에 반대되는 사람을 지칭하는 말. 일

에 경험이 없는 사람. 일에 익숙하지 못한 사람 ③ 기생藝妓·유녀遊女에 반대되는 보통 여자를 칭한다.

(2) 전문가 : ① 한 가지 기술에 전업하는 자를 가리키고 다르게 지칭하는 말. ② 장인匠人으로 기술에 정련된 사람을 칭한다. ③ 기생·유녀 등 남자 손님을 접대하는 일을 전업으로 하는 여자 예능인을 칭한다. 폐업하면 비전문가가 된다.

비전문가와 전문가는 비직업인과 직업인으로 대비對比하여, Laie(layman: 문외한)와 Eingeweihter(숙련자)로 구별한다.

기술의 오의奧義에는 비전적秘傳的인 내용이 있다. 일반적으로 이론화할 수 없는 육감과 기술 등이 있다.

비술秘術의 요령을 전하는 사람이나, 숨김없이 이야기한 사람은 특별히 신성화된 사람이라는 의미로 독일어 Eingeweihter(전문가·숙련자)라는 단어가 생겨났다.

독일어 Laie(속인·문외한·비전문가·영어: layman)는 그리스어 laikós(zum volk gehörig<승려가 아닌> 민중에 소속한, laós=Volk 민중)에서 유래된 단어이며, Nichtgeistlicher(승려가 아닌자)·Weltlicher(속인)·(Uneingeweihter(신성화 되지 않은 사람, 비전문가)ㆍNichterfahrener in irgend einer Kunst(어떤 기능을 미경험한 사람)의 의미이다. einweihen(독)이란 '어떤 사람을 신성시하고 액땜 한다'는 뜻이다.

Eingeweihter이란 '속인俗人에 대하여 승려'를 의미하고, 다시 확대 해석되어 어떤 일의 내정內情에 '정통한 사람ㆍ소식통ㆍ숙련자ㆍ전문가ㆍ프로'의 의미를 가지게 되었다. Laie는 '비非전문가ㆍ비非직업인'으로서 원래는 승려僧侶의 개념이다.

비非전문가란 애호하는 예능과 경기 외에 본업을 가지고 있다. 의사를 본업으로 하는 사람이 취미로 테니스를 친다. 대학교 공학부 교수가 취미로 요곡(謠曲ㆍ악장에 맞춰 부르는 속요의 곡조)을 한다. 회사 사장이 취미로 골프를 친다. 이처럼 비전문가에게는 본업이 있다.

원칙적으로 직업인은 관련 기술에 대해 아마추어가 미치지 못하는 지식과 능력도 가지고 있다. 완전히 자유로운 입장에서 즉 생업의 속박에서 벗어나 기술을 연마하는 아마추어가 오히려 직업인을 가르치는 것도 종종 있을 수 있다는 점을 유의할 필요가 있다.

비전문가는 애호하는 기예技藝를 행할 때 외면적 형식과 형태보다도 오히려 행동하는 마음·정신에 중점을 둔다. 전문가는 마음과 정신보다도 외면에 드러나는 형식과 형태를 가다듬는 데에 노력하고 연출효과를 중요시한다.

비전문가에게 연출효과는 제이의적第二義的 문제이다. 어떤 예능연기를 관찰하고 비평할 때에도 비전문가는 마음의 문제에 중점을 두지만, 전문가는 외면에 드러나는 기술형태를 문제시하는 경우가 많다.

아마추어로서 본업은 부득이한 사정의 현실이며, 애호하는 예능과 경기는 취미이지 직업은 아니다. 취미는 즐기기 위해 행하는 바, 레크리에이션이다. 취미로 즐긴다는 의미는 잠시라도 엄격한 현실 속의 속박에서 일시적으로 벗어나 산뜻하고 신선한 자유로움을 느낄 수 있기 때문이다. 취미의 세계는 비현실적이다. 취미는 일종의 모험으로 꿈의 세계로 돌입할 수 있게 한다.

꿈 속의 말과 행동은 현실적인 책임이 없고 책임지지 않아도 된다. 꿈 속의 활동은 참으로 자유롭고 매우 홀가분하다. 사실 꿈에서 겨루는 승패는 현실적인 승패가 아니라, 이른바 비현실적이고 가상적인 승패이다.

따라서 레크리에이션의 승패는 심각하지 않다. 이겨도 좋고 져도 좋다. 승패는 곧 잊어버린다. 현실 세계에서 자기의 기량을 자랑하는 것은 도덕적으로 제약을 받지만, 레크리에이션의 세계에서는 도덕적 제약도 받지 않고 자기의 솜씨를 자랑하며 즐긴다.

레크리에이션이 현실적인 문제를 해결할 뿐만 아니라 기분전환을 가능하게 하며, 뛰어난 기상과 재기才氣를 배양하고 사교적인 역할이 크지만 비현실성이 강하다.

이러한 취미에 종사하는 사람들을 가리켜 애호가(愛好家·Dilettant)라 하며, 이것을 지탱하는 사상경향을 딜레탕티즘 Dilettantismus이라 한다.

이탈리아어 딜레타레(dilettare· 즐기다)에서 유래한 단어로 'lieben사랑하다'·'ergötzen향락하다'·'vergnügen즐기다'의 뜻이다. 오락을 위해 어떤 기예技藝 등을 행하고 즐긴다는 것이다.

딜레타레는 '향략·애완'의 의미를 포함하고 있어 정신적인 일, 특히 예술과 문학 또는 스포츠를 취미로 즐기는 자를 딜레탕트Dilettant라고 하며, 이런 향락성을 딜레탕티즘이라고 한다. 딜레탕티즘 개념의 성립을 위한 조건에 주의해야 한다.

첫째, 취미로서 즐기는 일은 문화를 구성하는 자율적 요소로서 매우 엄숙한 의의를 가지고 있어야 하며, 또 생업인으로서는 불가결한 본업이 있어야 한다. 물고기를 잡고 야채를 가꾸는 등의 생업(어업·농업)을 가진 자가 낚시와 원예를 취미로서 즐긴다.

둘째, 취미를 즐기는 것이 자발적이고 적극적이어야 한다. 타인에 의해 강제적이고 강요된 낚시를 하고 있어서는 애호가의 활동으로 보기 어렵다. 취미 결과의 평가가 완전히 개인적이고 주관적이다. 낚시 솜씨를 뽐내는 사람, 수렵 솜씨를 뽐내는 사람들이 여기에 해당한다. 공공연히 뽐낼 수 있는 부분에 취미의 즐거움이 있다.

위와 같은 이유로 취미를 심심풀이로 즐긴다는 의미는 본래 진지하고 엄숙해야 할 인생활동의 가치와 의의를 모독할 위험을 내포하고 있다. 엄숙한 인생 본래의 임무를 얼버무릴 위험도 내포하고 있다.

괴테(Goethe, 1749~1832)는 "예술애호가로서는 어떤 일을 달성한다는 의미보다도 오히려 어떤 일을 행한다는 쪽이 중요하다"고 말하고 있어 애호가의 특색을 잘 표현하고 있다.

애호가는 달성된 결과보다도 과정을 즐긴다. 물고기를 낚고 큰 것을 잡는 것보다도 오히려 낚시줄을 드리우고 있는 행위자체에 흥미를 가지고 즐기는 것이 낚시 애호가이다.

애호가는 본래의 예술을 얼버무릴 위험을 가지고 있다. 본래의 예술과 기능의 발전에 공헌하는 특색을 가지고 있다. 인간의 사회생활을 원만히 영위하게 하는 데에 많은 도움이 된다.

유도를 연습할 때 상대가 초심자라도 약간의 소양이 있는 자와의 연습은 그렇게 어렵지 않다(우열은 별도). 완전한 초보자, 문외한과의 연습은 반대로 매우 힘이 들지만 종종 지금까지 알지 못하였던 기쁨을 느끼게 한다.

'아마추어'와 '딜레탕트'라는 개념은 어떠한 관계인가? 두 단어는 모두 '애호가'의 의미를 가지고 있다. 딜레탕트는 '전문가'에 대비하는 개념으로 일에 종사한다는 목적과 관련이 있고, '아마추어'는 '직업인'에 대비하는 개념으로 사회 신분상의 개념이다.

스포츠sports는 경쟁과 유희성을 가진 신체운동 경기의 총칭으로 원래 애호가의 것이었다. 스포츠는 아마추어리즘에 의해 유지되고 있다. 어떤 사람이 스포츠지도를 본업으로 한다면 더 이상 취미가 아닌 프로페셔널로서 아마추어 자격을 상실한다. 다만 스포츠 수입으로 생활하지 않더라도 큰 시합에 참가하는 선수, 올림픽 대표팀 선수로서 선발되면 잠시 본업을 잊고 스포츠에 전념하여 격렬한 연습과 시합에 전심전력을 다한다. 스포츠는 직업적인 스포츠업자보다 실질적으로 오히려 엄격하다.

꿈속의 스포츠라면 취미나 레크리에이션은 아니다. 전문가는 아니지만 아마추어 신분으로 신중히 현실(취미가 아닌 직업) 스포츠를 행하고 있다는 점에 주의해야 한다.

직업인 스포츠와 취미인 스포츠를 구별하여 스포츠선수와 스포츠 레크리에이터recreator로 나눌 수 있다. 스포츠선수는 신분이 스포츠업자 이외의 본업(이를테면 학생)에 있지만, 스포츠 활동은 전문가・스포츠업자 이상을 의미한다.

2. 무도와 스포츠

학생신분인 운동선수의 스포츠 활동은 때로는 전문가를 뺨치는 격렬함이 있다.

음악 전문가를 음악가Musiker라 한다. 음악애호가Musikfreund는 음악을 좋아하고 사랑하는 사람이다. 반음악가Halbmusiker란 본업을 가지고 있지만 반半은 음악 전문가를 말한다. 이 단어는 독일어로 '반음악가'로 번역된다.

그 사람의 활동 반은 본업, 반은 음악가 활동이라는 수학적이고 합리적으로 생활 활동이 나누어져 있음을 의미하는 단어가 아니다. 오히려 전문가 뺨치는 아마추어 음악가를 가리킨다. 본업本業은 가지고 있지만 음악가로서 조예가 깊고, 음악적 재능도 충분히 갖춘 사람이다.

스포츠선수는 프로스포츠인과 달리 실질적으로는 전문가 이상, 직업인 이상의 격렬한 스포츠활동을 하는 사람이다. 기술면에서 원칙적으로 아마추어 스포츠선수는 프로 스포츠인보다 뒤떨어지지만(기술면에서도 독특한 것을 연마하는 운동선수도 있다), 기개(氣槪·씩씩한 기상과 꿋꿋한 절개)의 격렬한 순수성에 독특한 장점과 인생의 가치를 창출한다.

목숨을 거는 일은 직업적인 스포츠선수보다는 아마추어

스포츠선수 쪽이 순수하게 실행이 용이하다. 스포츠선수로서 승패勝敗는 단순한 허구가 아닌 현실이다.

스포츠 본래의 모습은 아마추어리즘에 있다. 적어도 스포츠에 입문할 때는 본업本業을 가지고 본업의 일을 직접적이거나 간접적으로 촉진하기 위해 스포츠를 즐긴다.

스포츠선수가 되면 '스포츠를 위한 스포츠 수행'을 하게 된다. 마치 '예술을 위한 예술'이라는 예술지상주의자藝術至上主義者가 된다. 예술지상주의는 '인생을 위한 예술'이라는 인생중심주의의 예술관을 주장한다. '인생'이라는 의미가 '인간생활, 인간의 행복'을 의미하는가? 그렇지 않으면 '절대적인 도道에 목숨을 바치는 것인가'의 생각에 따라서 '인생을 위한 예술'의 사상思想도 두 종류의 느낌을 나타낸다.

스포츠는 원래 레크리에이션적 성격이 있음은 부정할 수 없다. 발달진화론적發達進化論的으로 남아도는 힘의 발산 수단인 유희와 경기, 적자생존(適者生存·survival of fittest)의 생존경쟁 관점에서 스포츠를 해석하려는 사상思想도 있지만, 지금은 그 문제를 언급하지 않는다. 다만 스포츠가 레크리에이션 성격을 가진다는 것에 주목한다. 인생을 즐기기 위한 인간활동이 스포츠의 진상(眞相·참모습)이, 스포츠 본래의 모습이다. 스포츠는 명료한 낙천론樂天論에 기인한다.

스포츠무도는 무술이 스포츠화하였기 때문에 일반 스포츠로 생각해야 한다. 순수무도는 결코 레크리에이션이 아니다. 레크리에이션은 인간중심의 활동 즉 인간생활을 쾌적하고 행복하게 하는 활동이다.

순수무도는 도道를 위해 목숨을 바치는 인간활동이다. 인간이 행복한지 아닌지는 완전히 별개의 문제이다. 도道가 바라는 대로 도道에 따르기 때문이다.

순수무도의 승패란 인간을 상대로 하여 이기는 것이 아니라 보신保身에 급급한 자기에게 이긴다는 의미이다.

"무토류無刀流 검술자는 승부를 겨루지 않는다. 마음을 깨끗이 하고 담력을 키워 자연스럽게 승리한다."

여기서 '자연스럽게 승리한다'란 대도(大道·인생의 진실한 도리)에 흡수되어 활동이 순수하게 드러남을 의미한다.

올림픽 스포츠는 '이기는 것보다는 참가하는데 의의가

있음'을 잘 알고 있다. 순수무도는 '참가하는 것' 만으로는 불가능하다. 반드시 이겨야 한다. 단지 '이긴다'는 의미는 자기를 이기는 것이며, 대도에 흡수된다는 의미이다.

'패敗한다'는 의미는 자기에게 패하여 대도大道로 돌아갈 수 없음을 말한다. 필사적必死的 기술을 사용하여 이기기 위해 고군분투하는 데서 시작하는 것이 순수무도이다.

그 궁극은 어떻게 될까? 반드시 이겨야 한다. 승리에 집착하는 마음을 과감히 한번에 떨쳐버림(一擲)으로써 비로소 진짜 이기게 된다. 승리에 집착하는 단계의 승리는 저차원적인 승리에 불과하다. 순수하게 승리함으로써 비로소 고차원적으로 승리할 수 있다.

단지 이 고차원적 승리는 더 이상 상대도 자기도 아닌, 승리도 패함도 아닌 여기에는 우리가 천지에 흡수되는 합일合一의 천지, 즉 천지의 절대적 진실 활동만이 있을 뿐이다. 진정으로 자기를 버리고, 완전히 버렸을 때의 정경(풍광)이다.

순수무도는 사람으로 하여금 그 동안의 천지시운天地時運

이 끊임없이 변화·순환하는 일인 소식(蘇息·막혔던 숨통이 트임)에 접하게 하고, 절대적인 천지의 활동에 사람을 융화되도록 한다. 기술을 걸고, 검劍을 내려치는 찰나에 자기를 이길 수 있는 기회를 얻는다. 순수하고 철저하게 목숨을 버림으로써 실현할 수 있다. 이것은 더 이상 단순한 기술과 검劍의 문제가 아닌 실지實地 마음의 문제이다.

마음이 기술과 검劍의 움직임을 통하여 대도大道, 즉 절대적인 진실에 흡수되고 귀일歸一할 때 자기를 이길 수 있다. 마음이 절대적 진실에 흡수되는 것은 마음의 근본 근원에 흡수된다는 의미이다. 사람의 마음 작용이 천지 마음의 근본 근원에 뿌리를 내리게 한다.

진실로 도道에 귀일한 경우, 기술 또는 검劍과 우리, 상대와 우리의 대립은 소멸되어 하나가 되고, 기술에 이르고 검劍에 이르게 된다. 이 찰나는 상대와 우리의 기술과 검劍의 작용이 하나로 통일되고 합일되어 야마오카 텟슈의 '심외무도(心外無刀·마음 밖에는 칼이 없다)'와 같이 하나의 대도大道인 스스로의 마음이 작용할 뿐이다. 여기에는 모든 천지의 절대적 하나의 진실이 번쩍할 뿐이다. 이때는 실지 검劍이 검을 휘두르고, 기술이 기술을 펼친다.

이것은 끽다거(喫茶去·차 한잔하고 가게)로 유명한 무빈주(無賓主·당나라 조주종심 선사의 어록에 유래한 것으로, 주인도 손님도 없다는 의미로 쓸데없는 분별을 하지 않는다는 뜻)의 검劍이며 무빈주無賓主의 기술이다. 여기에 순수무도의 묘술妙術이 있다.

이것을 실현하는 것은 자타 모두 대도大道에 흡수되어 스며들었을 때이다. 일본인들의 속담인 "안장 위에 사람 없고 안장 밑에 말 없다(사람과 말이 일체된 것처럼 보인다는 뜻)"로 무빈주無賓主의 검劍은 우리도 상대도 없고, 즉 우리의 기합氣合과 상대의 기합이 하나가 되고, 하나가 된 기합, 마음이 천지의 마음 속에 뿌리를 내리게 된다. 여기에는 단지 기술의 동작, 검의 동작만이 있다. 이 경우에는 상대적으로 검劍은 이미 사라지고, 그러한 검劍을 절단하는 것은 순간적인 생각이다.

한 생각은 일념인데 이 일념一念은 0.018초의 시간이다. 찰나의 시간은 0.013초로 찰나나 일념은 거의 같은 시간이다. 순간적인 생각은 실지 전우주 자체의 근본 근원에서 시작되어 온 것이며, 절체주체(絶體主體·절체 절명의 주체)로서의 천지 자신의 순간적인 생각이다. 이것이 무無의 검劍이다. 검劍으로서의 절대 무無이다.

무도는 인생활동에서 인생의 궁극적 세계로 뛰어들게 하는 가장 좋은 기회를 인간에게 부여한다.

실지 '일구읍진서강수(一口吸盡西江水·한 입으로 다 삼키는 서강의 물)'이 완수되고, 절체주체絶體主體의 활동만이 영위한다.

이 고사는 당나라 방온(龐蘊·? ~808)거사가 남악의 석두희천石頭希遷 선사를 찾아가 선문답禪問答으로 "만법과 더불어 짝하지 않는 자(일체의 존재와 관계하지 않는 사람)가 누구입니까" 물었더니, 석두선사가 방온거사의 입을 그의 손으로 막았다. 그래서 강서의 선종禪宗 제8조 마조도일馬祖道一 선사를 찾아가 똑같이 물었더니 "일구읍진서강수一口吸盡西江水"라 했던 고사이다.

이러한 경지에 들 수 있는 것은 결코 단순히 스스로의 힘이 아니라, 대도大道의 도움이며, 상대인 인간의 순수무도純粹武道 때문이다. 이러한 이유로 상대는 구세주이다. 서로의 구세주이다.

순수무도의 예의는 대도大道에 대한 예의이며, 대도大道를 보여 준 선배에 대한 예의이며, 상대에 대한 예의이다. 예의범절을 정확하게 실시하여 무도武道와 스포츠를 구별한다. 예의禮義로 시작하여 예의로 끝나는 것이 무도이다.

외면에서 본다면 서양 스포츠도 일본의 전통무도도 예의를 갖춘다는 점에는 같다. 양자의 예법은 다르다. 스포츠에서도 철저하게 상대의 인격을 존중하고, 상대에 대한 사의謝意를 예의범절로 표시한다.

어떤 종류의 스포츠무도에는 조잡하고 허세를 부리는 등 오히려 서양스포츠보다 뒤떨어지는 부분이 있다. 단지 예의를 갖추는 마음이 순수무도와 스포츠는 다르다.

순수무도는 도리에 대한 예의를 기본으로 하는 것에 비하여, 스포츠는 인간과 인간, 또는 인간에 봉사하는 자연에 대한 예의를 갖추기 때문이다.

순수무도의 승패勝敗는 상술上述한 바와 같이 대도大道에 스며들어 귀의하였는지 아닌지에 따라 결정된다. 생활 현실은 대도에 돌아갈 것인지 아닌지, 항상 대도大道에 스며들어 귀의하려는 실천에 의해 영위된다.

승패는 사실이며 현실인 동시에 일단 발생하면 결코 취소도 수정도 변경도 할 수 없다.

레크리에이션 스포츠의 승패를 '허虛'의 승패로 한다면, 순수무도의 승패는 생활 현실의 승패이며 '실實'의 승패이다. 허虛와 실實은 다르다. 다만 허虛가 실實이 되고 실實이 허虛가 되는 경우도 있다.

원래 애호가의 활동에 의해 형성된 스포츠의 승패가 그대로 생활 현실의 승패와 같다는 것도 부정할 수 없다. 아름다운 여인상의 그림을 보고 그저 아름답다며 찬탄하고 있는 동안은 허虛의 아름다움에 취해 있지만, 이 여인을 현실적인 육체 관능미를 가진 여인으로 느낀 경험은 허虛이어야 할 미감美感이 바뀌어 실實의 욕정으로 바뀌었다는 것을 의미한다. 가상假想 감정이 실제實際 감정으로 바뀌는 일은 인생에 있어서 드물지 않다.

3. 순수무도 純粹武道

순수무도純粹武道는 인간 신체활동에 의해 승패를 겨루는 인생 현상으로서 스포츠와 닮았다. 스포츠와 순수무도가 어떻게 구별되는지를 밝혀야 순수무도의 본질과 특색을 분명히 할 수 있다.

스포츠는 딜레탕티즘dilettantism이다. 순수무도는 딜레탕티즘을 결코 허락하지 않는다. 만일 인간이 성년이 되어 생활을 영위할 때 인생의 당사자임을 피할 수 없기 때문이다. 물론 인간은 구경꾼, 비평가의 입장에서 자기를 보고 슬퍼하고 즐거워하고 조롱하고 칭찬할 수 있다는 점이 다른 동물과 다르다. 여기에 인간의 즐거움도 있지만 독특한 고통과 번뇌도 생기는 자기생활의 당사자임을 피할 수는 없다. 자기를 대신하여 식사하고 물을 마시고 배설해

줄 사람은 어느 누구도 없다. 자기의 식사食事·음수飮水·배설排泄은 자기자신이 하지 않으면 대신할 사람이 없다.

스포츠에도 필사적으로 격렬한 연습을 하는 경우가 있다. 스포츠선수는 특히 그러하다. 그 순간의 마음가짐이 순수무도의 경우와 구별된다. 스포츠는 필사적이라도 어디까지나 인간완성이 목적이다. 필사적이라 해도 완전하게 말 그대로 필사적이지는 않다. 그런데도 스포츠는 자기를 버리고 나로서가 아닌 대도大道에 흡수되려 하지 않기 때문에 그것은 순수무도의 필사적인 의미와 다르다. 만일 스포츠선수로서 순수하고 필사적으로 감행할 때는 이미 스포츠의 영역을 벗어나 순수무도로 이행되었다고 말해야 한다.

직업무도가의 무도 실천은 자칫하면 타산공리(打算功利·공로功勞의 이익을 따져 헤아림)에 빠진다. 직업무도가가 삶과 죽음에 대처할 때, 만일 의식주생활의 안전이 의도되거나 명예·지위·재화의 획득이 목적이라면 삶의 긍정만 있고 목숨을 건 순정純情은 찾기 어렵다. 직업무도는 순수무도가 아니다. 또한 정당한 아마추어리즘에 근거한 스포츠라고도 인정받지 못한다.

스포츠무도를 가르치는 경우는 바른 아마추어리즘에 입각하여 가르치는 일이 매우 중요하다. 공리타산功利打算에 빠진 직업무도의 단점을 근절해야 한다.

순수무도에 딜레탕티즘은 허락되지 않는다. 공리타산을 떠난 올바른 아마추어리즘은 순수무도의 마음에 배치(背馳·반대되어 어긋남)되지 않는다. 단지 아마추어리즘이 일종의 스포츠지상주의로서 예술지상주의의 경향을 보이고, 인간 긍정의 기본선基本線을 따르고 있는 것에 비해 순수무도는 대도大道 즉, 인생의 절대적 진실에 의해서 흡수되는 수단이며 절대적 진실에의 통로이다.

순수무도는 대도지상주의大道至上主義에 근거하고 대도절대주의大道絶對主義에 의해 성립된다. 천지와 우리는 같은 뿌리, 만물과 일체一体이다. 대도大道란 절대주체絶對主体로서의 우주주체宇宙主体의 도道이다.

이처럼 순수무도는 도道 중심주의에 의거하며, 도道 절

대주의絶對主義에 의거한다. 이점에 관해서는 일본의 전통 예도와 무도는 본질적으로 같다. 무도의 명인·달인에 도달한 경애(境涯·처한 경지)는 예도인의 '최고의 지경(至境·경지에 이름)'과 통하는 것을 가리킨다.

옛 시구에 "나누어 오르는 산기슭 길道은 많지만 같은 높이 봉우리의 달을 볼까"의 느낌이 강하다. 일본의 예도 藝道에는 여러 가지로 종류는 많으나 저마다의 도道에 몸을 받치는 것은 모두 같다.

예도藝道에서도 목숨을 버리는 일이 가장 중요하다. 검도의 달인達人과 춤의 명수名手가 지향하는 점이 생각지도 않게 완전히 일치하였다는 이야기도 이것을 알려준다.

단 생사를 건 승부를 한다는 점에서 무도武道는 다른 모든 예도의 중심이라 할 수 있다. 무도 이외의 예도도 '전부인가? 또는 전무인가?'로 목숨을 걸고 하지 않으면 진짜는 생기지 않게 되므로 무도의 마음과 예도의 마음은 구별이 어렵다.

단 무예(武技)라는 직접 생명의 존망存亡과 관계하는 수단으로 목숨을 건 것과 비교하여 기타 예능藝能, 이를테면 그림을 그린다, 글씨를 쓴다, 춤을 춘다, 노래를 부르는 등에 생명을 건다는 것은 관념적이며, 적어도 무도라 할 만큼 또 외견상은 명료하지 않다고 할지도 모른다.

레크리에이션(오락)으로서 실시하는 예능이라면 어떨지 모르지만 본격적인 예도 수행에서는 무도 수업과 거의 같다. '천지天地와 일체一体라는 마음'에서 천지에 부과된 수행의 계절적 시련의 극기수련 방침에 따라서 연습을 철저히 한다. 즉 동계훈련冒寒修鍊을 하는 것도 예도와 무도는 같다. 단, 무도 쪽이 다른 예도보다도 목숨을 건 현실에 빠져들기 쉽다고 할 수 있을지도 모른다.

무도와 예도는 도道 중심주의라는 본질로는 구별할 수 없다. 무도·예도 수업 정신은 선禪의 '전후제단(前後際斷·앞뒤의 사이 경계를 끊음, 즉 과거도 없고 미래도 없다. 절대적 현재가 있을 뿐으로 영원의 지금인 현실, 지금 바로 이 자리에서 실천으로 옮겨야 한다는 의미)' 또는 '현애살수(懸崖撒水·벼랑 끝에 매달려 있다가 손을 놓음)', '절후재소(絶後再蘇·죽어야 다시 소생함)', '대사일번(大死一番·크게 한 번 죽음)', '대활현성(大活現成·크게 살아나 현재를 이룸)'을 위해 부단히 정진하여 쌓은 수행심修行心에 의해 근거가 마련되었다.

　순수무도가 도道 중심주의에 의해 성립되고 종교적인 것임에 대하여, 스포츠는 인간중심주의이다. 스포츠는 넓은 의미에서 과학적이다. 인간이 인생에 보람을 느끼고 만족하고, 인간 자신의 힘으로 인생을 즐기기 위해서이다. 순수무도는 대도大道에 목숨을 바치는 데에 목적이 있다. 대도大道를 어떻게 해석하는가에 대해서는 저마다 무예의 종류에 따라서도 의견이 갈라지고 있다.
　이들에 공통적인 것은 전우주全宇宙, 전자연全自然의 신수(神髓·眞髓: 사물의 가장 중요한 본질적인 핵심), 천지의 마음을 대도大道로 믿고 귀의한다는 점이다. 인간의 활동을 통하여 이 신수神髓, 곧 마음이 번쩍이기를 순수무도는 염원하며 수행에 정진한다.

　스포츠는 삶의 긍정을 출발점으로 하고, 대전제(大前提·삼단논법의 선언명제)로 한다. 즉 인간의 삶은 가치가 있다는 의미이다. 순수무도는 삶의 긍정·부정이 대도大道에 의해 결정되어진다고 믿는다. 특히 삶의 불안전함을 돌이켜 보고 참회하는 마음에 의해 길러진다. 불안전한 자기를 남김없이 없애므로 대도大道에 귀의하도록 힘차게 나아간다.

순수무도의 실시장소를 도장道場이라 한다. 일본 전통무도 단련하는 장소를 도장 또는 수련장이라 한다.

스포츠 실시장소는 체육관·운동장(트랙·필드·수영장 등)이다. 무도장武道場과 스포츠 장소는 신성하고 존중을 받는다. 단, 신성시神聖視되고 존중된다는 의미에서 그 마음이 다르다.

도장道場은 수행자가 몸을 바쳐 대도大道에 귀의하는 장소로서 초인간적·초자기적인 대도가 살아서 작용한다. 대도大道에 대해 믿고 따르는 마음이 도장을 신성시하는 것이다.

스포츠 운동장은 인간이 사용하여 인생을 즐기는 시설이다. 인간은 이 목적을 충분히 달성하기 위해 운동장의 기능을 존중한다.

순수무도에서 지도하는 사람은 스승 또는 사범이며, 배우고 가르침을 받는 자는 수행자이며 제자이다. '우리를 낳은 분은 부모이다. 우리를 사람답게 하는 분은 스승이다'라는 스승은 순수무도의 지도자로 '사범(師範·master)이며 사장(師匠·불교수행 방법으로 마음을 맑게 하는 계戒, 마음을 고요하게 하는 정定, 마음을 밝게 하는 혜慧 이 삼학三學을 스승이 제자들로 성취시키는 것이 마치 공장에서 기구를 만드는 것과 같다는 것에 비유한 말로 학문이나 기예를 가르치는 스승을 의미함), 또는 선생'이라고 한다.

스포츠에서는 코치와 부원, 선생과 부원, 지도자·감독과 멤버, 부장과 부원으로 구별한다. 선생이라는 호칭은 순수무도에서도 스포츠에서도 사용하고 있으나 영향은 서로 다르다.

그리고 연습에서 순수무도는 수행·케이코稽古라 하며, 스포츠는 연습·트레이닝이라고 한다. 케이코는 원래 '과거의 도道를 생각한다'의 단어이다.『서경(書經·중국 유교의 五經 가운데 하나로 중국에서 가장 오래된 역사서의 하나이다)』요전堯典편에 '왈약계고제요曰若稽古帝堯(옛 요임금에 대하여 상고해 보건대)'가 있다.

케이코는 학문·학습·연습의 의미를 가지고 있다. 여기서 계고고(稽古袴·연습때 입는 바지)·계고소(稽古所·연습하는 장소)·계고착(稽古着·연습때 착용하는 소품)·계고본(稽古本·음률의 곡조를 연습할 때 쓰는 교본)의 단어가 생겨났다. 수행의 케이코라는 단어에는 종교적인 의미가 있다.

고인古人・선배가 보여준 모범範을 충분히 생각하고 믿고 따르는 것이 케이코가 가진 본래의 의미이다. 고인古人 중심주의, 상고尙古주의가 있으며, 멸사滅私의 마음이 작용하고 있다.

도장 출입은 반드시 예를 갖춘다. 탈모(脫帽・모자를 벗음)하는 것은 도장 예의범절로 이 정신에서 유래한다. 또 사범 자리에 예를 갖춘다. 사범이 실제 앉아 있지 않아도 마치 사범이 앉아 있다고 생각해 사범 자리를 향하여 예를 갖추는 예의범절은 연면(連綿・계속 이어짐)히 무도장 예의범절로 전승되고 있다.

스포츠에서도 스포츠 운동장(경기장)에 경의를 표하는 것이 스포츠가 가진 좋은 풍습이다. 스포츠 운동장(경기장)에 대해 감사하고, 스포츠 상대에게 감사하고, 친애의 정・우의의 정을 표현하는 것은 스포츠의 미덕이다.

순수무도의 전통예법과 스포츠 예의범절은 적어도 표면적으로는 거의 같다. 예를 갖추는 마음이 순수무도에서는 종교적 경건의 정情에 충만함을 이상으로 하고, 스포츠에서는 상대 인간에 대한 친애의 정을 교환(交歡・서로 사귀며 즐거움을 나눔)하며, 스포츠가 이루어지는 장소에 대한 감사의 마음을 표현한다는 점에서는 서로 다르다.

연습·트레이닝은 인간적이다. 긍정적 삶의 능력을 더욱 더 강화하는 데 연습과 트레이닝의 근본적인 목적이 있다. 이것은 인간중심주의에 입각한 것이다.

위의 내용을 기준으로 순수무도純粹武道와 스포츠sports와의 구별할 수 있는 점은 다음과 같다.

1) 마음가짐
   ① 종교적(순수무도)
   ② 인간적(스포츠)
2) 승패
   ① 사실(事實·순수무도) : 이기는 것은 대도大道에 귀의歸依하는 것.
   ② 가상(假象·스포츠) : 이기는 것은 사전에 협정한 약속·조건에 따라서 상대를 정체 상태에 빠지게 하는 것.

구분	순수무도(藝道)		스포츠(sports)
목적	- 도의 중심주의 - 도에 귀의하는 것		- 인간중심주의 - 인간 행복을 증진하는 것 - 인격형성
방법	기본 정신	생사를 건다.	생의 긍정, 생의 증진
	태도	수행·케이코 (수련)	기술의 향상·연습·트레이닝
	자연과의 관계	- 여름 케이코 - 겨울 케이코	합숙·강화합숙
장소	본거지	도장·케이코소(所)·무도관	운동장(트랙·필드)·체육관·풀장 등
	이동	무자수행(武者修行)	원정(遠征)
지도자	스승·사범·사장(師匠)·선생		선생·지도자·코치·감독·부장·고문
피지도자	제자·문제·문인		부원·멤버

위와 같이 순수무도와 스포츠를 구별할 때, 서로 구별

하기 어려운 점이 있다.
　① 승패를 경쟁하는 것
　② 인격을 형성하는 것
　③ 격렬한 체험을 맛보는 것
　④ 예의범절을 지키는 것 등이 있다.

　외면으로는 순수무도와 스포츠 양자의 구별이 매우 어렵지만, 영위하는 마음으로 구별할 수 있다. 우열의 가치관을 포함하여 억지로 양자를 구별하면 종종 진상(眞相·참된 모습)을 벗어난 오류와 편견에 빠진다.
　'격렬한 체험'만으로 양자를 구별하기는 어렵다. 무도의 수행이 고통스럽고, 스포츠의 트레이닝이 고통스럽지 않다고 말할 수 없다.

　일본인의 마음에는 전통무예의 정신이 베어들어 있어, 서양 스포츠를 받아들일 때도 순수무도의 수행심이 무의식적으로 작용하고 있기 때문에 양자의 구별이 어렵다.
　순수무도가 스포츠화된 것과 마찬가지로 스포츠가 일본에서는 상당히 무도화되어 있다. 그래서 무도와 스포츠의 구별이 점점 더 어렵다.

    페어플레이fair play・스포츠맨십sportsmanship을 중심으로 스포츠를 일본전통에 흡수하고, 일본적 스포츠 도道를 수립하는 일은 일본 스포츠인의 과제일 뿐만 아니라 순수무도인의 임무이기도 하다. 결코 편협한 국수주의(민족주의)를 주장하지는 않는다. 운동경기(스포츠경기)도 각 민족의 개성에 따라 구체화하는 것이 국제적 운동경기 문화에 공헌할 수 있다고 보기 때문이다.

4. 무도와 예도

　무예武藝는 무도에 관한 기예이며, 검술·유술·궁술·마술 등을 지칭한다. 무예자武藝者는 무예의 실력이 뛰어난 사람이다. 무예자는 무예를 본업으로 하는 사람이다.

　무예십팔반武藝十八般은 옛날 무인에게 필요한 18종류의 무예로서 궁술·마술·수영술 등의 중국의 무예 6기인 장창長槍·당파鐺鈀·낭선狼筅·쌍수도雙手刀·등패籐牌·곤봉棍棒과, 무예 12기인 죽장창竹長槍·기창旗槍·예도銳刀·왜검倭劍·교전交戰·월도月刀·협도挾刀·쌍검雙劍·제독검提督劍·본국검本國劍·권법拳法·편곤鞭棍 등을 가리킨다. 무예라는 표현은 현재 거의 사용하지 않는다.

　예藝는 수련하여 자기 것으로 만든 기능이며 기술이다. 무예는 무기武技이며 무술武術로, 엄밀히 말하면 무예는 무기・무술의 수행을 통하여 터득하는 기예技藝이다. 무예의 개념은 기능・기술의 무이며, 무도로서 정신적・사고적으로 확립되었다. 유술에서 유도가 성립된 것은 단순한 격투술이 아닌 격기格技를 매개로 한 인간의 도道로서 근대 유도 창시자 가노지고로嘉納治五郎에 의해 확립되었다.

일본 전통 예도의 마음과 순수무도의 마음은 같다. 선禪의 영향을 받았다. 선禪의 연극으로서 주목받는 것으로 제아미(世阿彌・1363~1443, 무로마치 시대 노能의 최고연기자・작가・이론가)의 노카쿠能樂가 있다. 노카쿠 연기자의 수행을 제아미는 많은 저술을 후세에 남겼다. "목숨에는 끝이 있다. 노能에는 끝이 없다"고 표현하고, "초심을 잃지 않는다. 잠시라도 초심을 잃지 않는다. 늙어서도 초심을 잃지 않는다. 이 3구를 잘 구전口傳해야 한다"며, 특히 '반드시 초심을 잃어서는 안 된다'고 강조하여 경계하고 있다.

수행에는 그 끝이 없다. 끊임없이 수행에 몰두하는 것이야말로 참된 수행자라는 생각은 무사武士의 수양서인 『하가쿠레(葉隱・저자 야마모토 츠네토모山本常朝, 1659~1719)』의 생각과 같다. 모두 선禪에서 나왔기 때문이다.

4. 무도와 예도

『하가쿠레』는 에도시대江戶時代 야마모토 츠네토모가 사가번佐賀藩의 무사로 주군이 죽자, 활복해 따라 죽으려 했지만 활복 금지령에 의해 승려가 되었다. 1716년에 제자 다시로 츠라모토(田代陣基·1678~1748)가 그를 찾아갔다가 그의 구술을 받아 적어 정리한 내용이며, 후일 니토베 이나조新渡戶稻造의 『武士道·BUSHIDO - The Soul of Japan -』에 차용되었다.

"수행은 지금까지 성취한다고 말하지 않는다. 성취라는 생각은 도道를 다함에 어긋난다. 평생 동안 부족 부족하다고 생각 생각하고, 죽은 후 후세에서 결과를 보아 성취한 사람이 된다."

제아미는 적령기에 연습을 쌓아 사루가쿠(申樂·카마쿠라 시대의 예능극으로 노가쿠와 쿄겐의 근원이 됨)의 프로그램을 자기 것으로 완성하는 일을 '지극히 긴 시간'이라 한다. '긴 시간에 들어가면(長時間劫入)' 자신의 예력藝力은 충분히 남아돈다. 동칠분신(動七分身·몸을 70% 움직임), 동십분심(動十分心·마음을 100% 움직임)으로서 여유작작, 연기도 차분히 얌전해져 관객의 마음에 충분히 감동을 준다. 연기로는 일단 안심할 수 있다.

어떠한 일도 여력을 남기고 편안하게 연기하는 예藝의 경지가 안위安位이다. 안위에 다시 개성個性이 보태진 것이 한위閑位이다.

노카쿠의 한위는 무도에서 보면 달인의 위치이다. 그러나 노카쿠 수행은 여기에 머물러서는 안 된다. 다시 절정의 위치인 난위(闌位·최고의 경지)에 도달해야 한다.

'난闌은 ① 타케루(長ける)의 의미로 어떤 방면에 '뛰어나다'의 의미이며, ② 한창 때의 의미이거나 한창 때를 지났다는 의미가 된다. 난위闌位가 되면 지금까지의 수행에는 방해물로서 배척되었던 기교를 섞어도 된다. 이 위치에는 바른 기교를 무심으로 실행하기 때문에 비풍非風을 사이에 섞더라도 비풍이 아닌 오히려 시풍是風이 된다.

"도대체 난위闌位의 기술이란 이 노카쿠의 도道를 젊을 때부터 노년에 이르기까지 오랫동안 연습을 철저히 하여 시是를 모아 비非를 물리치는 능숙한 연기자의 심력心力이다. 오랫동안 연습할 때에는 배척한 비非의 방법을 좋은 방법에 일부 섞는 경우가 있다. 능숙하다고 해서 왜 비非

한 방법을 쓰는가 의심하지만, 이러한 방법은 능숙한 경지에 이른 자의 연구임을 알 수 있다. 좋은 연기자에게는 좋은 방법 밖에 없다. 때문에 좋은 방법은 너무 흔해져 버려 연기자의 모습이 구경하는 사람의 눈에도 익숙해져 버린다. 여기에 때로는 비非의 방법을 섞으면 능숙한 연기자의 연기로서는 매우 진기하게 보인다. 때문에 비非의 방법이 오히려 객석에서는 좋은 모양으로 보인다. 능숙한 연기자의 연기력으로 비非를 시是로 변하게 하는 형태이다. 그러므로 재미있는 형태를 연출한다." 여기에서 제아미는 '비非를 시是에 호린다'라는 점에 주의를 요한다.

반야심경에 '색즉시공, 공즉시색'이 있다. 다양한 예능의 길에도 색과 공의 두 가지가 있다.

묘苗·수秀·실實이라는 3단계의 연습수행을 마치고, 안위安位에 도달하면 자신의 생각대로 연기를 할 수 있게 된다. 색즉시공(色卽是空·색이 곧 공, 색은 물질계)의 모습이다.

이 위치에서는 최고의 연기력을 성취하였다는 의식에 사로잡히게 된다. 아직 공즉시색(空卽是色·공이 곧 색, 공은 에너지)의 경지는 실현되지 않았다. 깨닫지 못하였음에도 깨달았다고 생각하는 위치(경지)이다.

'미득未得의 증거'의 위치에서는 이지(理知·사리를 판단하여 아는 것)를 초월한 영역에서 시비의 판단을 잘못하지는 않을까 라는 마음을 씀으로 위태롭다고 생각한다. 이러한 염려도 사라지고 무심無心으로 연기하는 기술도 뛰어나고, 드물게 훌륭한 연기를 하면서 재미있어 시비선악是非善惡의 판단을 내릴 여지도 없는 것이야말로 바로 공즉시색의 경지이다.

안위安位에 무너지고 한위閑位에 도달하더라도 의식意識한 연기는 아직 최상의 연기라 하지 않는다. 이러한 의식도 사라지고 완전한 무심無心으로 연기하는 곳에 참된 한위가 있다. "미소시루(된장국)의 냄새나는(의심스러운) 된장은 진짜 된장이 아니다"이다. 의심스러운 깨달음은 깨달음이 아니다. 깨달았거나 깨닫지 못하였다는 모든 시비를 초월하는 데에 참된 깨달음이 있다.

"비非를 시是로 호린다"는 이를테면 "서시西施를 무턱대고 모방하다"와 관계가 있다. 서시西施는 중국의 전국시대에 살던 절세미녀의 이름이다.

4. 무도와 예도

춘추전국시대春秋戰國時代에 오吳와 월越과는 불구대천의 원수였다. 그런데 월왕 구천句踐은 오왕 부차夫差의 군대에게 무참하게 패배당하였다. 원한이 골수에 사무친 월왕이 와신상담(臥薪嘗膽·'장작 위에 누워서 쓰디쓴 쓸개를 씹는다'는 뜻으로 복수나 어떤 목표를 이루기 위해 어떠한 고난도 참고 이겨낸다는 의미)하며 복수를 도모하였다는 것으로 유명하다.

오吳를 멸망시키기 위하여 구천은 절세미녀 서시西施를 부차에게 보냈다. 결국 부차는 서시의 미색에 빠져 정치를 잊고 군비를 게을리 하여 마침내 구천에 의해 멸망당하였다.

이 고사는 서시가 어느날 가슴의 통증으로 가슴을 안고 얼굴을 찡그렸다. 너무나도 이 모습이 아름답게 보였다. 어느날 어떤 추녀는 이 모습을 보고 고향으로 돌아가 어떤 부자 앞에서 가슴을 껴안고 찡그린 얼굴을 하고 있자 그 지역의 부자는 두 번 다시 보고 싶지 않았기 때문에 그녀를 외면하였으므로 그 가난한 사람은 처자妻子를 데리고 급하게 이사를 했다.

찡그린 얼굴이 서시西施의 얼굴이라면 아름답게 보였겠지만, 아름다움만을 보고 아름다움이 유래하는 근원을 알지 못하고 얼굴을 찡그렸기 때문에 보기 싫은 것이다. 찡그린 얼굴을 아름답게 보이는 것은 바탕의 아름다움이 없으면 불가능하다. 바탕의 아름다움이 없으면 "비非를 시是로 호리지 못한다."

'비非를 시是로 호린다(바른 것으로 그른 것을 속이다)'가 가능하다면 기술은 묘술이다. 칸트의 '판단력 비판(判斷力批判 : 순수이성 비판·실천이성 비판의 세 번째가 판단력 비판)'의 천재론天才論 중에도 다음과 같은 내용이 있다.

"천재天才가 어쩌면 이념理念을 부드럽게 하지 않고서는 제거할 수 없기 때문에 어쩔 수 없이 허용한 기형물에 불과한 것까지, 만일 그 제자弟子가 그대로 모방한다면, 이 모방은 곧 모의(模擬·모방, Nachäffung)가 된다.

기형을 허락하는 용기는 한 사람 천재에게만 공적功績으로 되었지만, 표현에서 어떤 종류의 대담성과 기타 일반적으로 보통 규칙의 다양한 위반은 '천재이기 때문에 허락된 것'으로, 결코 모방해서는 안 되며, 오히려 그 자체는 하나의 과오이기 때문에 사람은 이것을 제거하도록 힘쓰지 않으면 안 된다."

5. 기술과 묘술

　도대체 기술技術이란 무엇인가. 칸트는 기술은 본래 남에게 구속되지 않는 자유스러운 생산 활동이며, 노임(勞賃·賃金)을 얻기 위한 기술 즉, 노임기술勞賃技術과 구별하여 자유기술自由技術이라 했다. 이와 같이 수공업적 기술 즉, 노임勞賃을 얻기 위한 기술로부터 구별한다.
　자유기술은 유쾌한 일로서 수행한다. 노임기술은 노작勞作으로서 귀찮은 일로서 운영되어, 노임이 사람을 부리는 것으로 강제적으로 사람에게 일을 부과한다.
　자유기술은 학문에서도 구별된다. 기술은 실제적 능력으로서 이론적 능력으로부터 구별된다.
　우리들이 단순히 해야 할 일을 알든 모르든, 당장에 욕구된 결과를 충분히 알든 모르든, 즉시 해야 할 것은 역시 기술이라고는 할 수 없다. 우리들이 가장 완전하게 알고 있더라도, 아직 해야 할 기능을 갖추고 있지 않은 그것이 기술이다.

예를 들면 네덜란드 해부학자 캄퍼르(Pieter Camper, 1722~1789)는 최고의 구두를 어떤 방법으로 만들어야 하는지를 매우 정확하게 기술하고 있다. 그러나 유감스럽게도 그는 구두제조공이 아니어서 어떠한 구두도 제조할 수 없었다.

"달걀을 테이블에 세워보라"는 말에 그 누구도 하지 못하였으나, 콜럼버스는 계란의 한쪽을 깨고 세웠다는 이야기가 있다. 기술이 아니라 지식에 불과하다.

아는 것만으로 가능한 것은 기술이라 할 수 없다. 줄타기는 원리를 아무리 알고 있더라도 단시일로는 숙달이 불가능하기 때문에 그것을 기술이라고 한다.

일본의 불교 임제종臨濟宗을 중흥시킨 하쿠인(白隱· 1685~1768)선사의 말로 전해지는 것에, "견성見性할 수 없는 바닥의 인간은 시비선악是非善惡 모두 악惡, '견성한 인간은 시비선악 모두 선善'이라 했다. 아마 견성한 경애(境涯·현재 처한 경지)는 '시是를 비非로 호린다"의 묘경妙境이라 할 것이다.

기술이 묘경이 되는 것은 무엇일까? 어떤 기술을 배우는 경우, 이수자履修者는 먼저 갈팡질팡한다. 기술과 우리는 정면으로 대립하고, 기술은 우리를 압도한다.

기술이수자는 어려워 어디부터 시작해야 할지 모른다. 그러나 참을성 있게 배워가는 가운데 마침내 기술을 습득한다. 우리들이 자유롭게 기술을 구사할 수 있게 되는 것이다.

일단 기술습득의 연습은 끝나지만 다시 기술이 묘경이 되기 위해서는 우리들이 기술 중에 흡수되고 귀의하여야 한다.

기술 속에 우리들이 흡수될 때 천지天地와 하나가 된 기술, 천지 진수眞髓의 움직임인 기술이 만들어진다. 우주 주체의 움직임이 묘경이다.

노래를 부를 때 노래의 규칙을 확실하게 지키며 부른다. 노래는 일단 곡목이 결정되면 머물지 말고, 다시 우리(나)를 놓아 버린 노래 방법에 돌입해야 한다. '놓아버리고 노래하라'나 '완전히 버려라'하는 것은 '나의 의지를 버려라"이다. 그 때 비로소 노래를 부를 수 있다.

야마오카 텟슈는 청년시절에는 귀철(鬼鐵·귀신의 칼이라는 뜻)이라 불리는 필승의 검객劍客이었다. 종종 쟈쿠슈 오하마若州小濱 번사 아사리 마타시치로요시노부淺利又七郎義信*와 시합하여 패하자 아사리에게 가르침을 받는 평범치 않은 고심의 수행을 쌓았다.

*역자주 : 아사리 마타시치로요시노부淺利又七郎義信는 원래 조개 장수였다. 장사가 끝난 뒤 매일 저녁마다 죽도 창시자 나카니시 주베이 사네마사中西忠太子政 도장의 창문으로 검도를 수련하는 모습을 훔쳐봤다. 관장 나카니시는 어느날 마타시치로를 불러들였다. 너는 창밖에서 구경한지 오늘이 3년이다. 나카니시는 검술이 좋은 가고 물었다. 좋다고 대답하자, 죽도를 들어 본적도 없는 마타시치로에게 1년 동안 수련한 자기 제자와 대련하게 했다. 마타시치로는 놀랍게도 3판 2승을 하였다. 나카니시는 보는 것도 연습이다. 오늘부터 도장에 나오너라. 그리고 무료로 수련하도록 했다. 그는 스승 나카니시를 능가하는 실력을 가지고 면허개전을 받고도 독립하지 않았다.
나카니시의 임종 후에는 나카니시의 아들을 위해 도장을 열심히 운영했다. 무사가 되어 자신의 성姓을 정하게 되었을 때 성姓을 아사리(淺利: 모시조개)로 하였다.

텟슈는 검도연습과 함께 선禪수행에 정혼(精魂·맑은 혼)을 쏟았다. 텟슈가 참선한 최초의 노사老師는 부슈 카와구치武州川口의 쵸토쿠지長德寺에 살던 간오우願翁선사이다.

간오우願翁 선사로부터 처음 '본래무일물(本來無一物)'*의 공안(公安·수행자가 지켜야 할 바른 기능·관계·상황을 매순간 유지하기 위한 훈련)을 받았다.

> *역자주 : 본래무일물本來無一物의 공안은 중국 선종 제6조 혜능(慧能·638~713)의 게偈에서 유래한 용어로 '본래 집착할 한 물건도 없다'는 의미로 일체의 진상은 우리의 분별 망상을 가지고 볼 수 있는 것이 아니고, 아무 것에도 집착하지 않는 청정한 마음 상태를 비유하는 말.

그리고 텟슈는 미시마류타쿠지三島龍澤寺의 세이죠星定 선사에게, 다시 교토京都 텐류지天龍寺의 테키수이滴水 선사와 카마쿠라 엔가쿠지円覺寺의 이마키타 코젠今北洪川 선사를 만난다. 텟슈가 아사리에게 검劍을 배우게 된 것은 분큐文久 3년으로 텟슈가 28살 때이다. 그 무렵부터 검선양도劍禪兩道에 노력하고, 선禪에는 마지막으로 테키수이滴水 선사로부터 토우산고이켄츄시洞山五位兼中到의 공안(公案·兩刃交鋒不須避, 칼날끼리 부딪칠 때도 피하려고 하지 말라)을 받고 3년 동안 공을 들여 마침내 메이지明治 13년(1880) 3월 30일의 불효(拂曉·새벽녘)에, 검선일여劍禪一如의 절대경지에 들어가 아사리淺利에게 이길 수 있었다. 그 때 텟슈는 45세, 아사리와의 처음 시합을 하고 무자無字 화두의 연구를 시작한 이후 17년이 걸렸다.

야마오카 텟슈는 아사리로부터 잇토류정전무상검一刀流正傳無想劍의 극의를 전수받고, 테키수이滴水 선사로부터는 선禪의 인허증명을 받았다.

야마오카 텟슈가 만일 아사리에게 패敗하지 않았다면 대성하지 못한 평범한 검객劍客이 되었을 것이다. 아사리와의 시합에 패함으로써 텟슈의 진면목을 발휘할 수 있었다.

텟슈의 일생에 있어서 아사리에 의한 텟슈의 자기부정은 텟슈의 생애에 있어서 결정적인 순간이 되었다. 철저하게 자기를 부정함으로써 비로소 순수한 신앙적 태도가 생겨난다.

이것은 하쿠인(白隱·1685~1768) 선사의 수행을 떠오르게 한다. 하쿠인은 에치고타카다越後高田의 에이간지英巖寺에서 깨달음을 얻었다고 자신만만하였으나 신슈이야마信洲飯山의 스승인 걸승傑僧 쇼우쥬로진(正受老人, 도쿄에탄道鏡慧端·1642~1721) 선사에 의해 멋지게 기세와 자만심이 꺾이고, 다시 수행을 처음부터 시작하여 마침내 5백년 동안 가장 걸출한 승려가 되었다.

하쿠인의 경우도 도쿄에탄道鏡慧端 선사의 겸추(鉗鎚· 대장

장이의 쇠집게와 쇠망치 비유로, 참선수련을 의미함)가 만일 없었다면 하쿠인은 평범한 선승으로서 끝났을 것이다. 하쿠인의 탁월성은 첫째 하쿠인의 자기부정自己否定에 의해 생겨났다.

야마오카 텟슈는 도쿄 요츠야四谷에 슌푸칸春風館 도장을 열고 제자를 양성하였다. 슌푸칸의 연습은 실로 엄격하였다. 수련생은 자신의 수준에 따라 3번의 시합을 단계적으로 거쳐야 하는데, 처음에는 하루 종일 타치키리(立切り·혼자서 33명의 검사와 각 5분씩 3회의 연습) 200면의 시합에서 시작하여, 다음 단계에는 3일간 타치키리立切り 600면의 시합에 견디고, 최종으로 7일간의 타치키리 1,400면의 시합을 완수해야 한다.

이러한 연습을 목표로 혹독한 연습 후에는 심신 모두 기진맥진하고 자신의 개성도 욕구도 도리道理도 사라진다. 심신에 달라붙었던 잡물雜物은 모두 땀과 함께 사라진다. 이 때 무엇인가에 의해 과감하게 내려치는 무념무상無念無想의 검劍이 바로 무상검無想劍이다. 자기 본래 모습의 검劍이다. 목숨을 버린 참된 검劍이다.

작은 자신의 힘은 완전히 기세가 꺾이고 타격을 받고

자기괴멸自己壞滅의 재灰 속에서 스스로 되살아나는 검劍의 움직임이 무상검無想劍의 본질이다. 자신이 자신과 완전히 하나로 융합하고 있다. 우주 주체의 자발적 적극적인 순수한 움직임이다.

바꿔 말하면 천지와 하나가 된 경애(境涯·경지)의 검劍, 천지의 진수眞髓, 천지 마음의 번쩍임이 무상검無想劍이다. 여기에는 더 이상 나我도 없고 적敵도 없고 검劍도 없다. 다만 무엇인가의 움직임만 번쩍일 뿐, 이는 무검無劍의 번쩍임이다. 검劍이 된 무無의 번쩍임이다. 무는 절대 무無이다. 바로 '전광영리참춘풍(電光影裏斬春風·번개가 치는 찰나刹那에 봄바람을 칼로 베는 그림자로다. 서슬이 퍼런 칼로써 설사 내 목을 벤다 하더라도, 마치 봄바람이 지나가듯이 조금도 내 마음에 거리낌이 없다는 뜻)'의 소식(蘇息·천지의 시운이 끊임없이 변화하고 순환하는 일)이다. 이것이 순수무도의 묘술이다.

검劍의 극치, 무도의 극치는 결국 마음의 문제이다. 우주의 진수眞髓에 뿌리를 내린 마음의 문제이다.

"마음 밖에는 칼이 없다(心外無刀)"는 이 마음이 천지의 마음이며, 검劍의 극의를 일야정진(日夜精進·밤낮없이 순간순간을 몸의 게으름 없이 열심히 수련한다는 뜻)을 게을리 하지 않는 검도가 무토류無刀流라는 것이다.

독일의 철학자 그라프 뒤르크하임(Graf Dürckheim · 1896~1988) 박사는 일본 전통적 생활태도의 담력(肚·배짱)의 작용을 강조하고, 특히 일본 전통 무도에서 확인하였다.

어느 날 뒤르크하임 박사는 교토 묘신지妙心寺를 방문하였다. 묘신지의 임혜경林惠鏡 노사로부터 우연히도 즉석에서 그린 수묵화水墨畵 관음상을 받았다. 수행修行이 된 노사가 수묵화를 그리기 위해 붓을 들 때 '성공할 것인가 말 것인가'나 '잘 그려야 한다' 등의 배려는 전혀 안중에 없었다. 그러한 집착에 완전히 벗어나 순수하게 자립적 독립된 마음으로 자연스럽게 아무렇지도 않게 붓을 휘둘렀다. 곳곳에 진수眞髓가 전개되어 표현되었다. 박사는 이 훌륭한 노사의 수묵화 묘사描寫를 보고 감복한 나머지 노사에게 질문하였다.

"노사는 어떻게 하여 그렇게 멋진 예인師匠이 되셨나요?" 여기에 대해 노사는 가볍게 웃으며 "음, 그저 나의 내면에 감추어진 예인藝因을 밖으로 들어내었을 뿐이다"고 담담하게 말하였다.

"그저 끌어내었을 뿐이다"고 한다. 그런 일이라면 자신도 할 수 있다고 박사는 간단하게 생각하였으나 좀처럼 하루아침에 이루어지지 않았다. 끊임없는 고통을 참는 수행의 결과만이 가능하게 한다는 점을 어슴푸레하게 박사도 알게 되었다.

'실패는 하지 않을까' '멋지게 그려서 갈채를 받고 싶다'는 작은 자기의 욕망·고려, 좌고우면(左顧右眄·왼쪽을 돌아보고 오른쪽을 곁눈질 함)을 타파분쇄(打破粉碎·쳐서 깨뜨리고 산산이 부수어 버림)하여 완전히 구속되지 않는 완전히 독립되고 자유로운 마음으로 그린다. 이러한 마음이 용기이다. 이론적으로 말하기는 쉽지만 실행은 지극히 어렵다. 고통의 수행을 거쳐야 비로소 가능하다는 점을 박사는 곰곰이 생각하였다. 수묵화의 마음은 서도書道의 마음이기도 하다. 그리고 또 무도武道의 마음이다. 붓을 휘둘러 그리거나 쓸 때 최초의 선線이며, 마지막 선線이 되고 점点이 된다. 일단 붓을 당기고 내치면 더 이상 취소할 수 없고 수정을 허락하지 않는다.

참된 걸작은 전후제단前後際斷의 목숨을 버리는 경애(境涯·경지)의 무심이 무아無我의 마음을 만든다.

『활쏘기의 선禪(Zen in der Kunst des Bogenschiessens)』을 집필한 독일의 오이겐 헤리겔(Eugen Herrigel · 1884~1955) 박사는 그가 체험한 궁도의 『그것이 쏜다』도 이러한 소식蘇息을 말한다. 1920년대 헤리겔 박사는 궁도연습이 진척되었을 때 아와 겐조(阿波研造 · 1880~1939) 사범으로부터 '나를 버리고, 또 나를 버려라'는 다시 가르침 받았다. 헤리겔 박사로서도 매우 어려웠으며 따라서 쉽게 관철할 수 있는 것도 아니었다. 마침내 어느 날 박사는 사범에게 질문하였다. "만일 이 '내가' 쏜다면 도대체 어떻게 쏘게 되는 것인가요"라고. 사범은 확실하게 말하였다. '그것이 쏘는 것이다'는 설명에서 박사는 의미를 알지 못하였다. 박사의 맹렬한 불요불굴(不撓不屈 · 휘어지지도 굽혀지지도 않음. 즉, 곤란한 상황에 빠져도 뜻이나 결심이 꺾이거나 휘어지지 않는다는 뜻)의 궁도수행은 마침내 말과 논리로는 어떻게 표현할 수 없는 '그것'을 스스로 체득하는 "레이단지치冷暖自知"* 길 외에 달리 방법이 없음을 체험한다.

*역자주 : 레이단지치冷暖自知의 의미는 선가禪家에서 쓰는 말로, 물이 차가운지, 따뜻한 지는 그 물을 마신 자만이 알 수 있는 것처럼, 깨달음의 세계도 철저한 자기의 내적 체험에 의해서 터득하지 않고는 알 수 없다는 뜻.

검도에서 검劍을 내려치거나, 유도에서 기술을 걸 때의 마음은 완전히 같다. 검도에서도 '내가' 내려치는 것이 아니라 검劍 '그것'이 내려쳐져야 하며, 유도에서도 '내가' 기술을 거는 것이 아니라 기술 '그것'이 걸려지도록 해야 한다. 완전히 목숨을 건 과감한 검과 기술의 결단(決斷·결정적으로 단정을 내림)이나 과단(果斷·일을 딱 잘라서 결정함)의 마음이 순수무도의 생명이다.

무술에는 개념이 있다. '무술'의 의미는 '무예武藝·武技'의 의미와 같다. 무예자武藝者라는 단어가 종종 이용되었으나 무예자라는 단어의 용례는 거의 나오지 않는다.

기술은 어떤 것에 심신心身의 부분을 움직여 달성하는 과정능력이다. '술術'은 기술에 의해서 얻어진 결과를 주안(主眼·주된 목표)으로 구성된 '기술'의 개념이다.

'기技'는 이 기술이 심신에 새겨졌음을 의미하며, 주로 레크리에이션적인 기술을 말하며, 구경꾼과 청중을 예상하여 연출하는 기술의 의미이다(연기 등).

예藝에는 본래 학문의 의미도 포함되어 있다. 학예라 할 때 사물·진리의 지적인 면을 '학學'이라 하고, 행동적인 면을 '예藝'라 한다(六藝). 예인藝人이라고 할 때는 구경꾼과 청중을 예상한 기술연출을 본업·생업으로 하는 사람을 말한다.

본직이 아니라도 다양한 기술을 채득한 사람을 예인이라 하며, 무예를 본직으로 하는 직업인을 무인武人이라 한다.

무인武人과 무도인武道人을 동일시할 수 있으나 무인은 일종의 기술자技術者인 것에 비하여, 무도인의 개념에는 단순한 기술자·예능인인 이상으로 '무예武藝, 즉 무예의 마음을 가지고 인생에 대처하는 철칙(鐵則·바꾸거나 어길 수 없는 법칙)을 가진 인간'이라는 의미가 근본에 있으므로, 무인武人과 무도인武道人은 엄밀히 양자 모두 공통기반에 둔 인간상이지만 구별해야 한다.

예도藝道의 묘술妙術은 이미 언급한 대로 결코 단순한 흉내이어서는 안 된다. 참된 묘술은 끊임없이 매우 엄격한 수련修練에 의해서만 실현할 수 있다는 것이다. 엄격한 수련 후에 자연스럽게 만들어지는 것이 묘술이다.

드물게 태어나면서 천재·명인도 출현하므로 무시할 수 없다. 본래 인간상의 무도인은 끊임없는 수련을 쌓아가는 자로 보아야 한다.

묘술은 자연스럽게 그 사람의 풍격(風格·고상한 풍채와 품격)이 되어 번쩍이는 것이다. 풍격이란 더 이상 언전논리(言詮論理·사리를 상세하게 설명하는 논리)를 하지 않지만 참된 수행을 쌓은 인간에서 느낄 수 있는 그 사람 마음의 기운이 풍격이다. 품격品格을 갖춘 것이다.

무도에서 뛰어난 사범은 모두 독특한 풍격의 소유자이다. 그 사람 앞에 서면 저절로 머리가 숙여지는 인물이다. 동시에 사람 앞에서는 봄바람에 살랑대는 따뜻한 느낌을 느끼게 하고 멀어지지 않게 한다. 일반 예도藝道에서도 거의 같다. 그 외 일반적 학문의 영역에서도 궁극적으로 같아야 한다.

일본 전통예도傳統藝道는 사제(師弟·스승과 제자)의 질서에 의해 유지되고 있는 점이 특히 두드러진다. 제자弟子와 문도門徒는 사범과 스승이 가진 풍격의 특색에 물들어간다.

무도・예도는 완전히 실력의 세계이다. 실력의 차는 어떻게 하더라도 사라지지 않는다. 실력은 오랫동안의 수련만이 만들어낸다.

수련이 아직 부족한 자가 수련을 많이 쌓은 사람에 대한 사모思慕・심복心腹의 정情에서 자연스럽게 베어 나오는 것이 사제간의 예의禮儀이다. 다만 실력은 단순한 체력體力・체기體技가 아니다. 뛰어난 사범・스승은 실지 체력・체기가 각각 궁극적인 마음과 하나인 지도자이다. 따라서 본질적으로는 나이가 젊고 늙음은 관계없다. 다만 마음의 원숙은 인생경험, 목숨을 건 체험의 축적에 의해 비로소 실현된다.

무도・예도의 궁극적인 것, 오의・극의는 그저 '이심전심以心傳心'*으로 사범에서 제자에게 전傳해진다. 등燈에 비유한다.

*역자주 : 이심전심以心傳心은 '전등록傳燈錄'에 나오는 말로 언어나 경전에 따르지 않고 마음과 마음으로 불교의 진수나 법통을 계승하는 방식을 뜻한다.

올림픽 성화도 원래는 이러한 의미와 관계가 있다. 무

도의 묘술은 '저절로'가 그대로 '스스로'이며, '스스로'가 그대로 '저절로'이다. 고의故意의 파격(破格·깨트려 얻어진 격식), 이름을 알리기 위한 파격은 단순한 파괴에 불과하다.

스스로 생겨나는 파격 즉 격格을 지키고 형形을 지키는 일에 전념하여, 마침내 꿰뚫어 저절로 생겨나는 파격이야 말로 참된 창조적인 파격이다.

무도인武道人도 일종의 승부사勝負師이다. 단지 직업적 승부사(장기·바둑·야구·스모 등)라고 말하는 것은 레크리에이션적 승부를 위하면서, 그 위에 생활에 관계되어 있는 직업인이다. 직업적 승부사일지라도 승패勝敗가 어떻게 해도 있기 마련이다. 승패에는 반드시 이겨야 한다. 때론 패敗하는 것도 '지는 것이 이기는 것'의 처세술로서 존경받는 일도 있다.

무도인武道人도 승패가 있다. 아니 무도인은 인생 하나하나의 그 자체가 모두 시합이다. 따라서 목숨을 건 연속이 무도인의 생활이다. 무도인은 이 현성공안(現成公案·공안을 눈 앞에서 실현해 드러내 보이는 것, 곧 진리가 현상으로 이루어진 것)적 시합의 하나하나에 이겨야 한다. 단지 승리는 상대를 완력·체력으로 누르거나 검劍으로 때려눕히는 행위가 아닌, 완전히 자기의 심신을 완전히 버렸는가의 유무에 따라 결정된다. 순수한 목숨을 걸고 감행되었을 때가 승리勝利이며, 그렇지 않을 때가 패배敗北이다.

승리는 '도道를 도道로 믿고 순순히 따르는 것'이다. 도道에 의해 흡수되고 귀의하는 것이야말로 '마음 밖에는 칼이 없다(心外無刀)'는 무토류無刀流의 승부이다.

'진다는 것'은 아집我執의 방해妨害로 인해 결국 도道에 순종하지 못하였다는 의미이다. 직업적 승부사의 승부기세勝負氣勢는 조금의 틈도 없다. 그러한 사람들도 각각의 도道에 따름으로써 승패의 의미를 인정하는 경지에 들어간다. 단지 직업적 승부사 본래의 활동은 규정과 약속으로 협정協定된 조건에 따라서 상대를 곤란하게 하는 데 있다.

무도인武道人의 수행에는 끝이 없지만, 무도인 생활은 현실적 건물의 무도장에서 이루어지는 것만 아니다. 초심初心일 때, 또는 현실 도장 밖에 있을 때는 무도에서 벗어나는 일도 있다. 연습복을 입지 않으면 무도인 생활을 하고 있지 않다고 생각할지도 모른다. 무도인 생활은 결코 도장 道場안에서만 국한하지 않는다. '평상심시도(平常心是道·평상시의 마음이 곧 도이다)'와 같이 무도도 일상생활 속에 융합되어야 한다.

이 말은 당나라 말기 선승이며 무無자 화두로 유명한 조주종념(趙州從諗·778~897, 120세)이 그의 스승 남천보원(南泉普願·748~834)에게 무엇이 도道입니까? 하고 물었을 때, 제자 조주종념에게 대답한 말이다. 그것은 또 '직심시도장(直心是道場·곧은 마음만 있으면 그곳이 어디든 수행의 장이다)'이며, '보보시도장(步步是道場·걸어 다니는 모든 곳이 수행의 장이다)'이다.

즉, 무도 수행의 도장道場은 도장의 건물만이 아니라, 거주하고 보행하고 집무하며 연구하는 곳 모든 곳이 도장이라 할 수 있다.

죽도를 들고 도복을 입고, 또는 활과 화살을 가지지 않아도 무도인의 생활은 할 수 있다. 펜을 들어 쓰고, 주방용 칼을 사용하고, 가래(鍬·농기구)로 땅을 파고, 차를 마시고, 밥을 먹고, 취침하고, 세면하는 등 모두 무도武道가 된다. 왜냐하면 무도인 생활의 기본은 마음의 문제이기 때문이다.

'전후제단(前後際斷·앞뒤 시간인 과거와 미래가 끊어져서 번뇌가 순식간에 사라진 상태)'의 마음, 처음이며 마지막인 결단적 실천이 인생의 진실이다. 단지 경계심警戒心을 가져야 할 점은 무도인 생활의 원천은 역시 무도장武道場에서 실지 수련으로 땀을 빼고 혹한에 견디어 낸 연습과 시합에 있다.

다도茶道에도 차茶 도구를 배제하고 특정 다실의 존재를 비난하고, 차를 마시는 것은 어떠한 장소에서도 어떠한 용기容器를 사용하더라도 괜찮다는 주장을 종종 듣곤 한다. 그것은 다도의 마음이 무르익은 경우에 한하여 허락된다.

무도武道라도 다도茶道라도 궁극은 일상적인 생활이다. 일상생활의 구석구석까지 무도의 마음이 파고들어 매사가 무도의 마음으로 운영되고 결정되어야 한다. 여기에 도달하지 않으면 무도가 인생관으로서 작용할 수 없다.

일상의 생활화(生活化・큰 사건과 조우한 경우에 무도로 평소 단련된 마음이 증명하는 것은 물론이지만)가 이루어지지 않으면 여기에는 아직 무도가 아닌, 겨우 '무기武技・무술武術・무예武藝'가 있을 뿐이다.

현대무도는 스포츠화된 것이다. 순수무도의 전통은 무도인의 마음으로서 전해지고 있다. 본래 '무武'란 '간과(干戈: 창과 방패)의 힘으로 병란兵亂을 미연에 방지한다'의 뜻을 가진 문자이다.

『설문說文』에 "초(楚·중국 춘추오패의 하나)나라 장왕莊王이 말하길 대저 무武는 공(功·기술)을 정하여 병사를 다스린다. 고로 창(戈·무기)을 멈추게 하는 것을 무武라 한다(楚莊王曰, 夫武定功戢兵, 故止戈爲武)." 또 『좌전左傳』에 "초자가 말하길 대저 문文으로 창(戈·무기)을 멈추게 하는 것을 무武라 한다(楚子曰, 夫文止戈爲武)." 그래서 문자로는 창(戈·무기)을 멈추는 것을 무武라는 글자로 나타낸다. 또 말하길 "대저 무武는 폭력을 금지하고, 병사를 다스리고, 대의를 유지하여 공(功·기술)을 규정하며, 백성을 편하게 하여 대중을 순화시키고, 재물을 풍부하게 한다(夫武禁暴戢兵, 保大定功 安民和衆豊財也)"가 있다.

또 보대(保大·중국 남당南唐 제2대 왕 이경李璟이 쓴 연호, 943~957)에는 군위(君位·왕의 지위)를 유지하고 걱정한다는 내용이 나온다. 무武의 본래 마음인 평화에 살고 절대 경애(境涯·경지)에 살아가는 것은 무도인의 생활이념이다.

스포츠무도의 기술과 약속 등 외면적인 것은 특히 제2차 세계대전이 끝난 후 급속하게 퍼져가고 있다.

순수무도의 마음, 무도의 내면적인 것은 많이 알려졌지만 아직도 오해·곡해된 부분이 있다. 일본 이외의 국가들 사람에게서 확인될 뿐만 아니라, 순수무도의 고향인 일본에서도 잊혀지고 있지는 않을까?

무도에서 내면적인 무도의 마음을 더욱더 연마하여 안과 밖으로 보급되도록 노력하는 일이 무도인의 중요한 과제이다.

무도인은 무도에 자기 신심(身心·몸과 마음)을 바치기 위해 끊임없이 정진하고, 유일한 인간수행으로 이해하고, 결과에 대한 모든 것은 무도의 가르침을 믿고 따르는 인간상人間像이다. 여기에는 무도를 통하여 대도大道에 스며들어 귀의하는 인간생활이 있다.

무도에서는 인간이 인생의 중심은 아니다. 절대 도道가 인생의 중심이며 인생의 참된 주체이다. 하나하나의 생활을 무상검無想劍이 되게 하는 것이다. 이것만이 무도인의 진실한 생활을 전개할 수 있다.

"검술에는 심묘검心妙劍과 무상검無想劍이 있다. 그 의미는 심묘검은 실묘검實妙劍이라고도 부르며, 상대방에게 가하려는 겨냥이 전혀 어긋나지 않는 달인達人의 검술劍術로서 이 경지에 이르면 놀라운 기량이라 할 수 있다. 그러나 그 이상의 실력을 가진 상대가 나타나면 패하게 된다.

무상검無想劍이란 바로 '칼의 날' 그 자체이다. 칼의 날에는 마음이 없다. 오로지 무념無念과 무상無想으로 움직인다."

이처럼 스포츠무도는 무도인 생활의 일환으로써 이루어져야 하며, 무도인 생활의 기반으로써 전개되어야 한다.

쇼와 30년인 1955년 1월에 일본체육협회가 제정한 스포츠맨 강령을 참고로, 무도스포츠인(스포츠 무도인) 생활의 지침이 될 수 있도록 스포츠맨 강령을 참고로 적는다.

1. 경기하는 자는 스포츠를 애호하고 나아가서는 마음과 신체의 양식으로 하고 밝은 빛과 상쾌한 공기 속에서 순수하게 스포츠를 행한다.

2. 경기하는 자는 스포츠를 실시함으로써 사회적인 명성과 물질적인 이익을 얻고자 해서는 안 된다.

3. 경기하는 자는 심판의 판정을 중요시하고, 그 결정에 만족하지 않더라도 감정에 지배되는 행동을 해서는 안 된다.

4. 경기하는 자는 항상 명랑하고 상대를 존중하며 최선을 다하여 성과에 만족한다.

5. 경기를 심판하는 자는 규칙에 따라서 공정하게 판단하고 경기를 밝고 원활하게 이끈다.

6. 경기를 관람하는 자는 감정에 빠진 응원을 하지 않고, 아름다운 정신과 뛰어난 기술을 칭찬하고 스포츠에 보다 좋은 발전에 이바지한다.

이상이 스포츠맨 강령綱領이다. 순수무도는 이러한 스포츠맨 강령을 포용包容하는 것이다.

※ 제1부 자료의 출처는 武道について－哲學的考察－, 田代秀德, 東海大學體育學部紀要 第1號(1971)를 편역하였음.
※ 타시로 히데노리田代秀德가 도카이대학교東海大學敎 체육학부 정기 간행물에 게재한 내용 및 일본 무도학회지에 발표한 내용을 재편집하여 전재轉載하였다.

그리고 제18회 도쿄올림픽 경기대회(1964년 개최) 이후 유도柔道는 물론 가라테도空手道·아이키도合氣道 등 일본의 전통적인 운동문화인 무도의 국제화가 급속하게 진행되는 가운데「무도는 무엇인가」를 검토할 필요성이 요구되었다.

이에 따라 1981년 4월에 일본 무도협의회가 유식자에 의한 무도헌장 작성위원회를 편성하여 약 6년 동안에 걸쳐서 연구하여 제정된 것이 무도헌장이다. 이 무도헌장武道憲章(1987년 4월 23일 제정)을 참고로 적는다.

"무도는 일본 고래의 상무정신(尙武精神·무를 숭상하는 정신)에서 유래하여 오랜 역사와 사회변천을 거치며, 술術에서 도道로 발전한 전통문화이다.

일찍이 무도는 심기일여(心技一如·마음과 기술은 하나이다)의 가르침에 근거하여 예를 수양하고 기술을 연마하여 심신을 단련하고, 심담心擔을 단련하는 수업도修業道와 단련법鍛鍊法으로서 세련되고 발전해왔다. 이와 같은 무도의 특징은 오늘날에 계승되어 왕성한 활력과 청신한 기풍의 원천으로서 일본인의 인격형성人格形成에 많은 역할을 하고 있다.

지금의 무도는 세계 각국으로 보급되어 국제적으로도 강한 관심을 모우고 있다. 우리들은 단순한 기술연습과 승부의 결과에만 빠지지 않고 무도의 진수에서 일탈되지 않도록 자성하며, 이와 같은 일본의 전통 문화를 유지·발전시키도록 노력해야만 한다.

여기에 무도의 새로운 발전을 기대하며 기본적인 지침을 들어 무도헌장으로 삼는다.

(목적)

제1조 무도는 무기武技에 의한 심신의 단련을 통해서 인격을 닦고, 견식을 높여 유위有爲의 인물을 육성함을 목적으로 한다.

(연습)

제2조 연습에 있어서는 시종(시작과 마침) 예법을 지키고, 기본을 중시하며, 기술에만 편중하지 않고 심·기·체(心·技·體)를 일체라고 생각해서 수련한다.

(시합)

제3조 시합이나 가타形의 연무演武에 임해서는 평소 연마한 무도정신을 발휘해서 최선을 다함과 동시에 승리하였다고 해서 자만하지 않고, 패배하였다고 해서 후회(좌절)하

지 않으며, 항상 절도 있는 태도를 견지한다.

(도장)

제4조 도장은 심신단련의 장이며, 규율과 예의작법을 지키며, 정숙·청결·안전을 기본으로 해서 엄숙한 환경 유지에 노력한다.

(지도)

제5조 지도에 임해서는 항상 인격도야에 힘쓰며, 술리術理의 연구, 심신의 단련에 힘쓰며, 승패나 기술의 교졸巧拙에 구애받지 않고 사표師表에 어울리는 태도를 견지한다.

(보급)

제6조 보급에 임해서는 전통적인 무도의 특성을 살려서, 국제적인 시야에 서서 지도의 충실과 연구의 촉진을 도모함과 동시에 무도의 발전에 노력한다."

쇼와 62년(1987년) 4월 23일 제정

일본무도협의회 日本武道協議會

이상이 무도헌장武道憲章 전문의 내용이다.

제2부

무사의 마음, 일본의 마음
(일본인의 무사도 사상)

1. 무사도의 사상
2. 무도와 무사도
3. 무사의 마음과 일본의 마음

1. 무사도의 사상

1) 무사도와 무도

　무사도武士道란 본래 무사가 가져야 하는 행동규범의 도道이다. 어떻게든 무사의 마음과 정신을 순수하게 또 생생하게 계승하고 재현하려고 해도, 오늘날 무사들이 사라진 시대와 사회에서 무사도는 관념적인 개념의 존재가 되는 수밖에 없다.

　무사도가 현대에서 단순한 마음가짐이 아닌, 구체적인 형태를 수반한 마음으로서 문제가 된다면 무도武道이다.

　전쟁 전처럼 군대가 있고, 제도에도 군인들이 근대적 무사로서 대우받을 때는 무사도武士道도 또한 거의 육체를

우선하는 현실적 존재였다고도 할 수 있었다. 무사의 시대가 사라진 오늘날의 일본에서는 무사도는 기본적으로 역사적인 산물이 되었다. 사람은 누구나 생각을 가지고 있다. 그 마음을 어떻게 배우고 어떻게 전할 것인가가 문제이다.

실제로 메이지明治시대에 니토베 이나조(新渡戶稻造·1862~1933)가 영문으로 쓴 『무사도武士道·Bushido : The Soul of Japan, 1899년 USA출간)』를 저술할 때 이미 예감하였다.

무사의 시대는 이미 지나갔다. 근대화의 물결이 밀려들면서 무사도가 급격하게 과거의 것으로 인식되었다. 이러한 시대에 살고 있는 우리들은 어떻게 하면 현대의 마음으로 무사도 정신으로 살아갈 수 있을까? 또 무사도를 일본의 마음으로 세계인들에게 어떻게 전할 수 있을까?

이 의문은 니토베 이나조의 친구이며 그리스도교 신앙을 믿고 성경연구가인 우치무라 칸조(內村鑑三·1861~1930)도 같은 과제를 가졌다. 우치무라는 『대표적 일본인(代表的 日本人·1894년 영문판)』에서 무사도 중에 전사戰士의 도道를 모두 없애버리고, 순수도덕 연성鍊成의 도道로 재구성하였다.

현대에 있어서도 더욱 더 '무사도적 일본'이어야 하는 이유를 그리스도교와 하나로 묶은 내셔널리즘nationalism의 도道로서 설명한 것이다.

니토베와 우치무라 이 두 사람에 의해 근대무사도近代武士道 내지 현대무사도現代武士道의 존재 이유가 이론화理論化되는 것을 살펴본 다음 다시 예例를 들기로 한다.

역사적 무사도에서 역사를 뛰어넘는 무사도를 생각한다. 한편 무사도가 역사를 초월하기 위해서는 역시 무사의 도道를 초월한 무사도라는 단순명쾌한 지표指標가 필요하다.

무사의 적극적인 존재 이유는 무사의 규정에서 완전히 멀어졌음에도 불구하고 무사도의 마음과 형태가 현실로서 존재하기 때문이다.

2) 무도철학의 문제점

무사에게 멀어진 무사도가 단순한 관념(觀念·idea)의 요청, 마음가짐만의 문제가 아닌 구체적인 인간체를 가진 마음의 문제로 보고 우리는 무도武道라는 이름을 실질화實質化하고 신무사도新武士道로 인식하는 이론을 신중하게 생각할 필요가 있다. 이러한 무도론의 중심적인 논점을 사전에 정리해 둔다.

(1) 무도는 역사적 무사도를 계승하여 새로운 무사도를 지향하는 것이라고 생각한다. 그렇다면 역사적 무사도와는 어떻게 연결하고 무엇을 받아들이려고 하는가?

새롭다는 것은 어떻게 새로우며, 무의 도武道, 무사의 도武士道라는 이유를 어떻게 증명할 수 있을까?

무사도 이전의 무의 도武道, 좀 더 거슬러 올라가 윤문(允文·文德이 성함), 윤무(允武·武德이 성함)와 같이 문무文武와 병칭竝稱하게 된 무武보다 더 오래 된 무도의 기원이다. 무武란 원래 시작이 무엇이었던가에서 질문으로 시작한다.

(2) 무사도 이전, 문무양도文武兩道 이전의 이러한 무도기원의 생각은 필연적으로 무사도 본래 무도 고유관념에 중대한 변경을 초래한다.

무사도를 출발점으로 하지 않고 중간으로 하는 무도역

사학武道歷史學의 새로운 구상이 필요하다. 무사도사학武士道史學을 전면적으로 총 점검하는 무도사학武道史學이 하나의 역사철학으로서 생각해야 한다.

이러한 의미의 무도사학은 아직 충분한 형태로 성립되지 않았다. 우리들은 전혀 새로운 구상 하에 신무사도사학新武士道史學을 구체화해야 한다.

(3) 전후(戰後·2차 세계대전 후) 지금 평화로운 일본임에도 불구하고 무도 일본이 문제가 되는 것은 무도야말로 '일본의 도日本道'이기 때문이다. 그것은 일본의 도道가 되어야 한다는 주장이 밑바닥에 깔려 있기 때문이다.

무武의 평화라는 패러독스(Paradox·역설)를 무도의 학문정립을 위해서 어떻게 해야 가능할까? 이론은 물론 역사적으로 과연 입증할 수 있을까? 여기에서 무도철학은 큰 시련에 직면한다.

(4) 무도는 지금 일본의 도道로서 존재하고 있다. 일본은 지금 세계 속의 일본이다. 이러한 국제화시대에 역사적 일본의 도道였던 무도를 현대 일본의 도道로서 세계에

보편적으로 통하는 도道 내지 마음心과 정신精神으로서 이것을 어떻게 설명하려고 하는가이다.

니토베新渡戶와 우치무라內村가 무사도를 세계에 전파하였을 때보다 더 어려운 문제이다. 우리들은 『신편무사도新編武士道』를 구상해야 한다.

아직 여러 가지 문제는 남아있다. 큰 문제는 대략 위와 같다. 요약하면 역사적 일본과 세계적 일본 간의 무도철학武道哲學을 어떻게 구상하는가로 귀착된다.

3) 설문해자說文解字와 춘추좌씨전春秋左氏傳

지금부터 거의 위와 같은 시점에서서 논의를 약간 이론풍理論風으로 시도한다.

무사武士는 살아가는 것, 즉 싸우는 것이었다(Vivere est militore). 무武의 도道란 기본적으로 어떻게 싸우는가의 문제이다. 무武의 문제에 대한 이야기가 아니다.

지금의 무도는 어떻게 해야 하는가를 질문 앞에 먼저 무武란 무엇인가를 질문해야 한다. 그리고 존재이유에 따라 문제를 제시해야 한다. 왜냐하면 우리들은 무武를 뻔한 일로 긍정할 입장이 아니기 때문이다. 일단은 부정되고 부정의 부정 형태를 취하지 않는 한 받아들일 수 없는 입장이다.

무도는 변증법적辨證法的인 철학을 요구하고 있다. 회답은 준비되어 있을까?

정말로 물정에 어두웠다. 무武라는 글자가 만들어졌을 때 무武란 무엇인가를 자각적으로 문제가 된 애초의 시작에 이미 완벽한 대답이 주어져 있었다.

중국의 한자漢字 원의原義에 대한 정통해석은 『설문說文』이라는 한나라 시대의 사전에 "이 무武는 공(功·기술)을 정하고 병사兵士를 다스린다. 고로 지과(止戈·창을 멈추다)를 무武로 간주한다"고 기록되었다.

이 취지를 『춘추좌씨전(春秋左氏傳·공자가 편찬한 춘추春秋를 노나라 '좌구명左丘明·BC 502~BC 422'이 주석한 BC 722년에서 BC 481년까지의 242년간의 춘추시대의 역사서)』에 다음과 같이 설명하였다.

"이 문文에 지과止戈를 무武로 간주한다." "무武는 폭력을 금지하고, 병사를 다스리며 대(大·人·사람)를 유지하고, 공(功·기술)을 정定하여 나라를 편안하게 하고 백성을 화합하고 재산을 풍부하게 하는 데 있다."

4) 지과止戈를 무武라 한다

중요하기 때문에 한 번 더 해석해 둔다. 먼저 『설문』, 정확하게는 『설문해자說文解字』이다. 한자漢字 어원에 관한 고전적인 사전으로, 이 사전은 후한의 화제和帝 영원永元 12년(AD 100년)부터 121년까지 약 22년간의 긴 시간에 걸쳐 허신(許愼, 58~147 추정)이 1만萬여 자字를 해설하여 편찬한 것이다. 이 사전은 한자漢字가 어떻게 성립되었으며, 문자로 표시되는 사실의 자각적 이해가 어떤 것인가의 내용을 기준으로 설명한다.

이 책의 해석에 따르면 무武의 본뜻인 "무武는 폭력을 평정하고 병사를 다스린다고 하며, 때문에 창(戈·무기)을 멈추게(止)한다고 기술하여 무武라 하였다."

『설문』은 새로운 해석이 아니다. 이미 『춘추좌씨전春秋左氏傳』이 "문文에 지과止戈를 무武로 한다"로, 『설문說文』이

다시 이 부분을 언급하고 있으며, "지과止戈를 무武로 한다"는 것이 춘추전국시대春秋戰國時代의 정설定說이었다.

다시 말하면, 『춘추春秋』는 5세기 초에 공자(孔子·BC 552~BC 479)가 저술한 노국魯國의 역사서이고, 『좌씨전左氏傳』은 노魯나라 좌구명左丘明이 쓴 『춘추春秋』의 주석서 중 하나이다. 공자와 같은 연대의 사관史官이라는 것이 통설이지만, 전국시대의 사람이라고도 한다.

『춘추春秋』 삼전三傳은 제齊나라 공양고公羊高의 공양전公羊傳, 곡량적穀梁赤의 곡량전穀梁傳, 좌씨전左氏傳인데 그중 좌씨전左氏傳이 가장 사리에 맞는다고 한다.

"무武는 폭력을 방지하고 병란을 평정하여 사람의 안전을 도모하고, 치평治平의 공을 세워 인민의 생활을 안정시키고 대중에게 평화를 가져다주며, 사람들의 가계를 풍부하게 하는 일이다"라 하였다. 『설문說文』은 이 설명을 요약하길 "공(功·기술)을 정定하고 병사兵를 멈추다(戢:그칠즙·거둘즙)"고 하였다.

무武는 무武를 멈추기 위한 무武이다. 무武가 아닌 무武에 대비한 무武이다. 병사를 이용하기 위한 무武가 아니라 병사를 멈추기 위한 무武이다. 병사를 이용하는 것은 폭력적인 병사를 진정시키기 위한 어쩔 수 없는 방법이다. 목적은 지과(止戈·모든 폭력과 살육을 온전하게 멈추게 하는 것을 의미하며 전쟁을 그친다는 뜻)에 있다. 지과止戈의 두 글자를 조합하면 무武가 된다.

무武는 본래 무武인 것을 그만두는 데 있다. 무武인 것을 그만 두어야 비로소 무武가 될 수 있다. 즉 무武의 본래 의미가 즉자적(卽自的·그 자신이 독립적으로 존재하는 본능적 그 자체로 있는 동물적 태도의 수준)으로 무(武·폭력)를 부정하고 비로소 무武에 자각적으로 높아진다고 하는 변증법적 구조를 나타내는 문자이다.

"사람을 보호하고 기술인 공功을 정하고, 나라를 편안하게 하고, 백성을 화합시키고 재산을 풍부하게 하여 바로 평화로운 안정·번영과 사람의 삶을 위해 실현하는 힘이 있는 기술功을 의미한다."

5) 자성윤신自性輪身·교령윤신敎令輪身

무武의 작용을 문文의 대비로 무武에 한정한 자체에 문제가 있다. 만일 불교이론을 빌려서 설명하면 문文은 자성윤신自性輪身, 무武는 교령윤신敎令輪身이다. 이 둘은 본래 하나이지만, 체(體·주체적·능동적)와 용(用·총체적·수동적)의 두 가지로, 표현 방식이 다를 뿐이다.

윤신輪身은 전차戰車와 같이 법륜法輪을 마음대로 바꾸고, 자유자재로 원적(怨敵·원망스런 적)을 부수고 물리친다는 파사(破邪·사악한 것을 깨트림)의 불신佛身이다.

자성윤신은 본체의 불신佛身으로, 교령윤신은 위령(威令·위엄있는 명령)으로 교도하는 형태로 나타난 것을 말한다. 대일여래大日如來는 자성윤신이며, 부동명왕不動明王은 교령윤신이다.

양자는 완전히 하나이다. 교령敎令·대일大日이 부동不動, 자성自性·부동不動이 대일大日인 관계이다. 문무겸비文武兼備 등과는 다르다. 문무겸비의 문文과 무武는 별개의 것으로 외측에서 결합되었을 뿐이다.

대일大日과 부동不動과의 관계는 대일의 황어혼(荒御魂·사납고 용맹스러운 신령)이 부동不動이고, 부동不動의 화어혼(和御魂·온화한 신령)이 대일大日인 형태이다.

부동명왕은 파사破邪의 검劍을 잡고 서 있다. 모습은 분노·위세를 목적으로 하지 않는다. 파사(破邪·요사한 귀신을 깨트림)·항마(降魔·악마를 항복시킴)를 목적으로 하는 모습은 사귀(邪鬼·요사스런 귀신)·마성(魔性·속이거나 현혹하는 악마의 성질)에 대한 빌린 형체이다. 대일자성(大日自性·위대한 광휘로서 모든 존재가 지니고 있는 변하지 않은 존재성)의 형태를 취하고, 방해하는 사악邪惡에 대해 집병(戢兵·병사를 다스림·전쟁은 그침)·정공(定功·기술을 정함)의 형체를 취하고 있을 뿐이다.

즉 부동不動은 부동不動임을 버려야 하는 부동不動의 형태를 취하고 있다. 부동不動을 버린 부동不動은 대일금륜(大日金輪·황금으로 꾸민 수레를 둘러싼 위대한 광휘) 자체이다.

불교교리佛敎敎理는 자성自性과 교령敎令의 윤신輪身 철학이다. 유교교리儒敎敎理의 문무文武철학으로 바꾸어 읽으면 문文은 교령敎令에 나타난 무武, 무武는 자성自性으로 돌아간 문文이다. 이러한 관계가 됨으로써 비로소 지과止戈를 무武로 간주하는 언어철학인 '지무止武를 무武로 간주'하는 도리철학道理哲學으로 심화할 수 있다.

설문언어학說文言語學에는 지과止戈로 무武라는 것을 그만둔 무武가 무엇이 되는가의 그 이후부터 도道를 언급하지 않고 있다.

문무일여文武—如의 철학은 지무이면(止武裏面·무武를 그치는 속마음)의 무도철학이 된다. 일여一如라는 것은 이치가 평등하고 차별이 없는 오직 하나라는 뜻이다. 이면裏面은 사물이나 이치가 겉으로 나타나지 않지만 존재함을 뜻한다.

6) 부동지신묘록不動智神妙錄

에도시대江戶時代 초기의 유명한 선승 타쿠앙 선사의 『부동지신묘록不動智神妙錄』이라는 저서가 있다. 교령윤신敎令輪身의 비유로 부동명왕을 인용하였다. 에도 바쿠후江戶幕府의 3대 장군 도쿠가와 이에미츠德川家光의 검도 스승인 야규 타지마노카미 무네노리柳生但馬守宗矩의 질문에 '검선일치劍禪一致의 마음'을 설한 내용이다.

"불교에 부동지不動智가 있다. 부동은 움직이지 않는 것이며, 지智는 지혜이다. 부동이라도 돌과 나무와 같이 무성無性으로 꼼짝하지 않고 가만히 있다는 의미는 아니다. 전방에도 후방에도 좌에도 우에도 사방팔방으로 마음은 자유롭게 움직인다. 조금도 한 곳에 머물지 않는 마음을 부동지不動智라 한다.

부동명왕不動明王은 우측 손에 검劍을 쥐고, 좌측 손에 포승줄을 잡고, 이빨을 드러내고 눈을 부라리며 불법을 방해하는 악마를 항복시키고자 당당히 서 있다. 언제 어디서나 이러한 자세로 있는 것은 아니다. 형상은 불법수호의 항마降魔의 모습으로, 몸은 부동지를 마음에 품고 중생에게 보이고 있다.

대체로 범부凡夫는 부동명왕의 형상을 무서워하지만, 불법에 위해危害를 가하지 않는다는 것을 깨달은 사람은 이 모습이 부동지를 표현하고 있음을 깨닫고 모든 미혹에서 벗어난다. 즉 부동지를 충분히 명찰(明察·사물을 밝게 살핌)하여 부동명왕과 같이 심법心法을 잘 수행한 사람에게는 악마 등이 있을 수 없음을 알리는 것이 부동명왕이다."

무도는 창(戈·무기)을 가지고 싸우는 도道임에도 불구하고 창을 멈추고 거두어들이는 기술인 것이다. 부동심不動心은 이러한 변증법을 훌륭하게 설명하고 있다.

검劍을 잡고 포승줄을 쥐고 이빨을 드러내고 눈을 부라

린 모습은 동動의 무武를 표현한 것이다. 체體로서의 부동지不動智 작용을 가리키기 때문에 부동의 체體를 한정하는 용用이다.

부동지不動智란 그리하여 체體로서의 무武, 동動·용用으로서의 무武가 된다. 지과止戈가 체體의 무武이며, 정공定功·집(즙)병戢兵이 용用의 무武가 된다.

타쿠앙 선사의 부동不動은 무성(無性·집착할 만한 실체가 없음)의 침묵을 가리키지 않는다.

반대로 조금도 멈출 줄 모르는 동動의 중中에서 우右에도 좌左에도 위에도 밑에도 융통무애(融通無礙·융통해서 걸림이 없음)로 움직이는 동중정動中靜을 말한다. 동動을 안에 감싸고, 동動을 향하는 정靜이라는 의미의 부동不動이다.

부동不動은 본불생(本不生·석가모니의 진신眞身인 법신法身)이다. 동動의 부정否定으로서 부동이 아니라, 부동의 부정否定으로서 동動이다. 동動 이전의 움직이지 않는 본원本源의 동動으로서 부동이다.

동動으로서의 무武와 부동으로서의 무武를, 부동지의 작용에 대해 생각하면 지과止戈의 무武야말로 동動을 멈춘 부동不動의 동動에 가깝다. 무도는 무武의 기술에 무武의 마음을 내재內在시킴으로써 무예武藝를 무도武道라 한 것이다.

무武가 무武를 그만두고, 무武를 초월하기 위한 부동지不動智 전법륜(轉法輪·불교에서 석가의 가르침을 널리 펴 중생을 제도하는 일·轉輪)의 도道라는 것을 자각한다. 이것이 지과언어학止戈言語學의 무도철학화武道哲學化인 것이다.

7) 삼언사구다칙三言四句茶則 · 삼언사구무칙三言四句武則

무도의 마음을 또 한 사람 바쿠후幕府 말기의 대로(大老·老中: 장군 직속 총리) 이이나오스케(井伊直弼·1815~1860)의 다선일치(茶禪一致: 차와 선은 하나이다)의 다도 마음으로 바꿔 표현하였다.

이이井伊는 세키슈류石州流의 다도 극의에 이른 달인이다. 세키슈류는 에도江戶 초기의 카타기리 세키슈(片桐石州·1605~1673)가 다장茶匠이며 유조流祖이다.

이이井伊는 삼언사구다칙三言四句茶則의 마음을 다음과 같이 요약하였다.

(1) 다비다茶非茶 : 차는 차가 아니다.

(2) 비비다非非茶 : 차가 되지 않으면 차가 아니다.

(3) 지다이只茶耳 : 그저(다만) 차일뿐이다.

(4) 시왈다是曰茶 : 이것을 차라 한다.

매우 심오한 경지이다. 다인茶人 소우칸(宗觀·?~1447)은 호를 '무네미'로 읽고 무한수無限水로 적는다. 근원(근본)을 알지 못하는 무시(無始·아무리 거슬러 올라가도 처음 비롯한 곳이 없음)의 마음으로 시작되었다.

사람이 '일기일회一期一會'*라 할 때도, 그 때 그 장소의 만남을 영원한 순간으로 그저 차茶일뿐이라고 깨닫는 마음이었다.

*역자주 : '일기일회一期一會' : 모든 순간은 생애 단 한 번의 시간이며, 모든 만남은 생애 단 한 번의 인연이다. 한번 지나가 버린 것은 다시 돌아오지 않는다는 의미

나는 이 무한수다칙無限水茶則의 차茶를 무武로 바꾸어 읽으면, 삼언사구무칙三言四句武則을 다음과 같이 생각할 수 있다. 삼구三句, 사구四句의 인식이 미묘하게 다르다.

(1) 무비무武非武 : 무武는 무武가 아니다.

(2) 비비무非非武 : 무武가 되지 않으면 무武가 아니다.

(3) 본무이本武耳 : 원래 무武일뿐이다.

(4) 고왈무故曰武 : 그러므로 무武라 한다.

8) 차는 차가 아니다(茶非茶)

먼저 삼언사구다칙三言四句茶則에 대한 것으로 여기서는 다도를 어떤 특별한 도道 또는 마음을 배제하고 차茶에 일관하는 마음가짐을 언급한 것이다.

제법실상(諸法實相·모든 존재의 참 모습), 색즉시공(色卽是空·색은 보이는 형체이며, 공은 보이지 않는 형체임), 즉신성불卽身成佛(현재의 몸 그대로 부처가 됨) 등 다양하게 설명하고, 끝으로 버들은 녹색, 꽃은 분홍색의 마음으로 요약하는 내용과 매우 가깝다. 오도(悟道·진리 곧 도를 깨달음)의 계정(階程·정도의 단계)을 조금씩 추구하여 대도무문(大道無門·큰 도에는 문이 없다. 즉, 옳고 바른 도를 행하면 막힘이 없다는 의미)의 관문關門을 열도록 구성되어 있다는 점에서 유례없는 것이다.

차茶는 차가 아니다. 도道는 먼저 일상자명(日常自明·날마다 저절로 아는 사실)하게 안주安住하고 있는 즉자(卽自·ansich, 자의식을 갖지 않는 모든 존재, 독일 철학자 '헤겔'이 사용한 용어)의 도道를 버리는 것에서 시작한다. 즉자卽自는 선악善惡·정사正邪 이전의 원래 있었을 뿐이다.

도道는 단지 그곳에 그렇게 있었을 뿐 진실도 선도 아니며, 또 악도 부정도 아니다. 자각하기 위해 먼저 대자(對自·fürsich, 자의식을 행할 수 있는 인간의 근본적인 욕망)하여 진실하게 다시 읽어야 한다.

중국에서는 성誠은 하늘의 도天道이며, 성실히 하는(爲誠) 것이 인간의 도(人道)라 한다(誠者天之道也, 誠之者人之道也 ·중용).

하늘의 도道로서만 성誠인 것을 사람의 도道로서 성誠으로 한다. 대자對自, 자각自覺의 도道이다. 즉 차茶는 차가 아니라는 마음이다.

제1명제는 눈앞의 차茶를 차로 보는 인습因習의 마음을 부정하는 것으로, 물론 다도茶道 자체의 부정은 아니다. 그뿐만 아니라 반대로 상식과 관례의 두터운 인습의 벽 속에 갇혀 있는 성誠의 다심茶心을 구출하기 위해 해방解放의 손을 뻗은 것이다. 즉 긍정을 위한 제1계정第一階程의 부정이다.

9) 그저 차일뿐(只茶耳)

다음에 차茶가 아닌 것이 차가 아니라는 부정의 부정이 온다. 제1구도 전면부정이 아니지만 여기에 응하여 제2구도 전면부정이 아니다. 제1구 부정의 밑바닥에 숨겨진 긍정肯定의 의도를 다시 불러 와, 부정에 의해서 버려진 인습因習 가운데서 당연한 성誠의 도를 여기에 전개한다.

차茶는 있는 그대로의 진짜 차는 아니다. 모든 차가 진짜 차가 아니라는 것이 아니다. 아니 보이는 형태에서 참된 마음을 다른 곳에서 찾을 수는 없다고 한다면 참된 도道를 위해서라도 눈앞의 형태는 버릴 수 없다.

부정의 부정은 이리하여 가루 따위를 치는 체(sieve·액체나 가루를 걸러내는 용구)에 걸려 선별하고, 깨끗하게 하여 자각적인 긍정에 이른다. 그저 차일뿐이라는 경지이다.

그저 차일뿐이라는 것은 '차는 차이다'와 다르다. 차는 차라는 일단 차는 차가 아니라고 부정한다. 그러나 그것은 다시 한 번 차가 아니라고 부정하므로 이중부정二重否定, 부정否定의 부정을 통하여 절대 긍정肯定으로 돌아온다. 그리하여 차는 차이다. 그 즉자(卽自 · ansich)와 대자(對自 · fürsich)의 차이差異가 그저 차茶일뿐이라는 말로서 표현하고 있다.

차茶라고 말하는 것은 차가 아니다. 그것은 차가 아니라는 것도 아니다. 차는 이와 같이 특히 저것 내지 이것의 차가 아닌 그저 차일뿐이다. 이러한 형태로 차라는 본질本質에 환원되고 차茶라 하더라도 차가 아니라고 할 수 없는 차茶 그 자체, 그것인 이것을 차茶라 한다.

차일지라도 차가 아니라고도 할 수 없는 것은 도道로 승화昇華된 그저 차일 뿐이다. 보았을 때는 평범한 차의 형태이다.

차라는 것조차 잊어버리고 그저 차茶의 사행(事行 · 타트한드룽 · Tathandlung, '자아의 근원적 활동'으로 독일의 Fichte가 말했던 것)을 말한다. 그저 차로서 있을 뿐이다. 즉 화도花道라는 것도 다선일치茶禪一致의 경지에 도달한 것이다.

10) 무武는 무武가 아니다(武非武)

　지과止戈의 무도武道도 또한 마찬가지로 검선일치劍禪一致의 마음으로 무도철학을 강령화(綱領化·체계화)할 수 있다. 무칙武則은 소우칸宗觀의 다칙茶則보다도 알기 쉽게 되어 있다고 믿는다.

　제1구의 무武는 무가 아니다. 이 구句는 소우칸宗觀의 다칙茶則 제1구 이상으로 심오한 의미를 가진다.

　대체로 다칙은 4구를 통하여 같은 차의 주제主題 하에, 단어의 이해를 하나하나 깊이 함으로써 현재의 차茶에서 참된 차로 조금씩 깊이를 더해 가고 있다. 이론과정은 매우 철학적인 만큼 관념성이 강한 점도 사실이다.

　이 제일보는, '차茶는 차가 아니다'에 있다. 차는 차가 아니다. 이 명제는 마지막까지 정언명제적定言命題이다. 검劍을 머리 위의 높이(大上段)로 치켜들고, 위에서 권위를 가지고 그렇게 교령敎令된 느낌이다.

　결과적으로 2구로 넘어가고, 3구에서도 부정의 의미가 형식적으로 갖추어졌음을 불초(不肖·닮지 않음 즉, 못나고 어리석은 사람)의 제자들은 어떻게 할 수 없었다. 이 경지는 한 사람 소우칸宗觀 무한수無限水의 직관만이 깨달을 수 있었다.

무칙武則 제1구의 부정은 구체적이다. 제3구에 이르러 완전히 해명된다. 여기에 이르기까지 제1구가 정언명제(定言命題·삼단논법론 또는 전통 논리학에서 술어가 다른 제한조건 없이 주어의 전체나 부분을 긍정 또는 부정하는 명제 또는 진술)적으로 무도 관념에 철퇴鐵槌를 더한 것이 오히려 효과적이다.

11) 대의大疑 · 대오大悟

우리는 무도武道를 검도·유도·궁도 등 다양한 무武의 기술技術과 술術의 도道로 이해하였다. 달리 말하면 검도는 검劍의 도道가 아니다. 유도도 유柔의 도道가 아니다.

그렇다면 도대체 무엇이란 말인가? 검도가 검劍의 도道가 아니고, 유도가 유柔의 도道가 아니면 도대체 무엇인가? 그러한 표현으로 검의 도, 유의 도가 어떻게 심화되고 어떻게 완성되는가? 솔직히 말하면 이 명제는 선량한 모든 무도인에게 그러한 의문을 던지게 한다.

사실대로 말하면 오히려 귀면인(鬼面人·ghostly face: 귀신탈을

쓴 사람)을 놀라게 할 뿐이다. 그것으로 좋다고 생각한다. 아니 그러하기 때문에 좋다고 생각한다. 대의(大疑: 큰 의심) 야말로 대오(大悟: 큰 깨달음)의 관문을 여는 것이다.

수습할 수 없는 혼란 속에서 무도인들은 제2구에 이른다. 올려다보면 무도가 아닌 것은 아니라는 비비무非非武 세 글자가 있다. 구원받았다는 안도감보다도 농락당했다는 피로감이 밀려온다.

왜 무武는 무일뿐이라면 무엇을 위해 제1구에 무武는 무가 아닌(武非武)가?

뭔가 개운하지 않는 의문이 남아 불안을 감출 수 없다. 여기에는 무武는 무武가 아닌(非) 것이 아니다. 그러면 결국 무武이다. 그러나 그렇게 확실한 단정은 아니다. 장황하게 설명하고 있는 것은 확실한 형태로 무武는 무武라 할 수 없는 사정을 뒷받침하고 있다. 제1구는 살아있다. 크게 짓누르고 있다.

제1구의 대의大疑, 제2구의 회의懷疑는 제3구에 이르러 확실하고 명쾌한 단정斷定에 도달한다. 다칙茶則의 지다이(只茶耳: 그저 차일 뿐이다)를 본무이(本武耳: 원래 무일 뿐이다)로 전환했기 때문이다.

다칙茶則은 지다이只茶耳라 한다. 애매한 선문답禪問答이다. 자칫하면 원래의 일상인습日常因習으로 되돌아갈 우려가 있다.

12) 그저 무일뿐(只武耳) 원래의 무이다(本武耳)

무칙武則의 본무이本武耳는 다르다. 무武가 본래 무武라는 것은 무武는 본래 근본의根本義로 바뀌어 비로소 무武가 된다는 의미이다. 무武는 원래 지과止戈, 창을 멈추는 것이다.

병사兵士를 이용하거나 용맹을 과시하는 무武가 아님은 물론, 문文에 대비하는 무武라는 이해 자체는 본래의 무武가 아니었다. 바로 무武는 무武가 아니었다.

그러면 무武는 전혀 무武가 아니었을까? 그렇지 않다. 무武는 지과止戈로서 역시 무武였다. 분명히 무武가 아닌 것이 아니었다. 아니 창을 멈추는 무武야말로 본래의 무武였다.

지무이只武耳가 아닌 본무이本武耳로 봄으로써 무도철학은 관념철학에서 실존철학으로 실체화하였다.

조금은 장황스럽지만 해설을 더해 둔다. 단지 무武에 한

정하는 것은 선禪의 공안(公案·話頭로 '불타의 언행')과 같은 느낌이 든다. 아훔(阿吽·만물의 시작과 끝, 아때는 처음 입을 벌리면서 내는 소리이고, 훔때은 입을 다물면서 내는 소리)의 호흡으로 비약적으로 깨달을 수밖에 없다.

원래 무武는 이론반성적理論反省的으로 알기 쉽다. 무武의 근본의根本義로 돌아간다.

무武는 원래 지과止戈로서 있는 것이다. 무武가 아니라든가 무武가 아닌 것은 아니라는 선문답禪問答과 같은 부득요령(不得要領·要領不得)을 던져버리고, 명철한 사실에 입각하여 반성하는 기회를 가진다. 게다가 문제를 단순한 단어해석의 단계에서 머물지 않고 있다.

무武라는 문자의 형성과정을 생각하여 본지과本止戈의 원의(原義: 본디 갖고 있는 의미)에 새삼 생각이 이르게 되어 무武의 도道를 구상하는 철학에까지 이르게 되었다. 비로소 언어적 철학哲學이 되었다.

일반적으로 무武는 병사兵士이다. 병사는 궤도(詭道: 남을 속이는 수단)이다. 본지과本止戈로서 무武가 되고 무武를 부정하는 무武의 철학에 이르게 되었다.

무武라는 구조적인 모순은 무武라는 글자의 이성변증법적理性辨證法的 성격을 나타낸 것이다. 무武가 원래 지과止戈라는 것은 무武는 무武의 부정에서 무武라는 존재론적 사실에 관계한다. 이이井伊류 다칙茶則과 같이 외측에서 사실에 철학을 던져서 문제를 이론적으로 재구성하는 점과는 다르다.

무도철학을 관념사변적(觀念思辨的: idea theoretical・순수한 사유에 의한 생각)으로 재구성하지 않고, 무武라는 내측에서 존재론적으로 구축하는 것으로 설문해자說文解字 이상으로 철학적인 언어학은 없다고 생각한다.

이이井伊형 다칙은 형태상으로는 다소 꼴사납게 수정되지만, 이이井伊형 철학의 형식합리주의形式合理主義가 오히려 실질합리주의實質合理主義로 바뀌게 되었다.

마지막 결구結句에 이르러 무武라 한다. 이 무칙武則이 마지막에 그렇게 말할 때 이이 나오스케(井伊直弼, 1815~1860)의 다칙茶則 이상으로 안정적이다. 왜일까?

13) 무도철학 현실적, 이상적 접근

　이이 나오스케井伊直弼의 다칙茶則에는 1구와 2구에 왠지 석연치 않은 의단(疑団·수행 중에 일어나는 의문)이 형태에 그대로 남아 완곡하게 표현될 때까지 제3구에 재긍정再肯定을 가져오고, 마지막 제4구에서 최종인정最終認定으로 맺는다. 권위가 있는 유력자의 말 한 마디에 통일된 해석으로 안정되었다는 느낌이 강하다.
　무칙武則은 전혀 다르다. 무武를 병도兵道와 무술武術로서 고정시킴으로써 부정수단(詭道·궤도)으로 평가될 수 있다고 염려하는 반성이 맨 처음으로 놓인다.
　무武이기 때문에 최종적으로 무武 이외는 될 수 없지만 자각적이라는 제1의적第1義的인 무武의 재확인으로 되돌아가기 위해서는 확실한 또는 단호한 명단(明斷·명확한 판단)으로 무武의 잡념(雜念·생각이 뒤섞인 상태)이나, 망집(妄執·망상적 집착)을 버리는 것이 필요하다는 지적이 이어지고 제3구가 따라 온다.
　제3구는 무武의 새로운 해석 내지 새로운 철학으로 나

타나지 않고, 무武도 본래의 면모로서 있었던 것이 중간에 망각 내지 무시되어 다시 원점으로 되돌아 왔을 뿐으로, 그것은 목숨을 쇄신하는 것, '복고유신(復古維新 · 옛날을 되돌아보고 오늘을 새롭게 함)의 도道'라 할 수 있다.

역사적 진실로서의 무도武道가 재확인되어 무武라는 결구結句에 자리를 잡는다. 그러나 무武라고 하면 확실히 다르다. 패전敗戰으로 과거의 유물이 된 일본 근대 무도의 망령亡靈 등에 향수를 느낄 필요는 없다. 칠백년을 이어온 무사도 시대조차 본래의 면모에 대한 자각, 실천에서 반드시 충분히 준비된 시대가 아니었음을 반성해야 한다.

왜냐하면 이 시대에 창(戈·무기)을 멈춘다는 것은 겨우 관념의 요청에 머무르고, 기본은 창戈을 이용하여 창戈을 멈춘다는 이념을 초월하는 이상理想을 추구한 정도에 불과하였기 때문이다.

지금은 완전히 다르다. '창을 멈춘다(止戈)'는 것은 엄연한 현실이다. 그리고 만일에는 단호하게 지켜나가야 하는 것이 이상理想이다. 이러한 현실적·이상적인 철학은 진실의 궁극적 자세라 한다. 무도철학은 무도 본래의 모습을 지금 다시 자각하게 되었다.

2. 무도武道와 무사도武士道

1) 무도의 기원

무도란 원래 무武를 그만 두고, 무武를 이루는 도道이다. 때문에 무武이면서 무武를 부정하고, 비로소 무武로 돌아가는 도道라고 표현하였다.

정말 철학적이지만 무武가 지과위무(止戈爲武·창을 멈추는 것을 무라 함)인 이상 이론理論도 그와 같이 철학적으로 완성되어져야 한다.

이론상理論上 또는 본성상本性上은 창에 의해 멈추지 않고, 창을 통해 멈춘다는 것을 이해한다. 사실인즉 역사적으로 무武의 존재형태를 생각할 수 있다. 그러한 내용이 구체적으로 문제가 된다.

이론상理論上의 요청으로 즉 무武의 반성에 선 소망願望으로서 무武를 이용하지 않고, 목적을 달성하면 최고라는 사상은 오래된 손자병법孫子兵法에도 있다. 지과위무止戈爲武도 그러한 소망을 담은 단어라면 관념철학觀念哲學의 주제이지, 역사철학歷史哲學의 문제는 되지 않는다.

일본 역사에는 무武의 도道는 무사의 도道인 무사도武士道로 바꾸고, 무武에 관한 성찰의 철학은 무사도철학으로서 구체화되었다. 만일 무武라는 단어가 처음부터 부정否定의 철학적이었다면, 당연히 무사도 이전의 무도에서 무武는 이미 훌륭한 철학을 가지고 있었다. 이른바 무사도 철학은 원시무도元始武道의 재확인再確認의 그 이상은 아닌 것이다.

무도가 무사도에서 발생한 것이 아니라, 반대로 무사도가 무도에서 생겨났다. 무사가 훨씬 오래된 국가와 국민의 도道에서 유래한다는 전망도 열린다. 정말로 사실事實과 사상思想을 역사에 문제화할 수 있을까?

2) 신성한 창矛과 영이의 검劍

역사를 확대 해석하여 신화神話·전승傳承도 포함해 생각할 수 있다. 신화·전승은 역사 이전의 내용으로 아직 역사와 같이 확실하지 않기 때문에 사전사史前史로서 신화이며, 전승傳承이라는 점은 아주 오랜 역사이다.

첫째는 일본역사 이전의 역사로서 신성神聖한 창矛과 영이(靈異·신령스럽고 이상함)의 검(劍·칼)에 대한 이야기를 가지고 있다.

오오나무치노미코토大己貴命가 대국주(大國主·일본국 대왕)로서 코우소가미皇祖神에 앞서 국토경영에 이용한 히로호코(廣矛·크고 빛나는 창)에 대한 이야기와, 어쩌면 대국주大國主 히로호코廣矛 이야기를 각색하여 성화(聖化·임금의 덕화德化)한 아메노무라쿠모츠루기(천총운검·天叢雲劍) 즉 쿠사나기노츠루기草薙劍의 신검新劍 이야기이다.

후자의 신검新劍이 이른바 3종의 신기 중 하나인 보검에 해당한다. 그러나 히로호코廣矛와 관계가 있다는 명시적인 전설은 없다. 여러 면에서 생각하지 않을 수 없다.

다음은 『고고슈이(古語拾遺·AD 808년)』의 설이다. 이 책은 헤이안平安 초기의 귀족, 인베노히로나리齋部廣成가 편집하였다. 시대는 니혼쇼키(日本書紀·AD 720년)와 코지키(古事記·AD 712년)인 기기(記紀·古事記와 日本書紀)보다 오래 전의 내용이다.

저자 인베노히로나리는 나카토미우지中臣氏와 더불어 제사씨족祭祀氏族인 인베우지(齋部氏·忌部氏)의 출신이다. 주로 나카토미中臣에 의해 정리된 기기記紀의 구전설화(所傳·口傳說話)에 대해 『고고슈이古語拾遺』는 또 하나의 정통이었던 인베우지의 고전을 수록한 책이다.

천손강림天孫降臨에 있어 천조 아마테라스 오미카미 대신天照大神이 천손天孫 니니기노미코토(이이예명·邇邇藝命)에게 무궁한 천새(天璽·하늘이 내린 옥새)로 받은 것은 '야타노 거울八咫鏡' '쿠사노기노 츠루기 검草薙劍' 두 종류이며, '창矛·옥玉'이 저절로 따랐다고 했다.

3) 2종의 신기

이것은 매우 주목받는 구전설화이다. 천손강림의 신칙神勅과 함께 보기寶器는 처음부터 거울·옥·검의 3가지 이다. 3종의 신기神器 이름으로 불러왔다. 이와 같이 확실하게 2종신기의 구전설화도 있기 때문에, 3종신기라는 표현이 처음부터 유일한 본래적인지 아닌지 한 가지 의문이 생긴다.

또 하나의 큰 문제점은 제1종 보기寶器의 거울·검 劍에 대해 제2종 보기라는 생각이 있고, 창矛과 옥玉이 열거되어 있다. 다른 구전설화 또는 후의 구전설화에는 제2종 중 옥玉이 제1종군에 편입되어 거울·옥·검의 3종신기를 형성한다면, 옥과 동격의 창矛 또한 이른바 3종신기와 더불어 4종신기 중 하나이었을지도 모른다. 즉 2종신기, 4종신기, 기타 몇 가지의 열거법 중에서 최종적으로 거울·옥·검으로 나열하는 3종신기설이 정통설正統說로서 고정되었다.

그렇다면 창矛은 어디에서 나왔을까? 오오나무치노미코토大己貴命 즉 대국주명大國主命이 천신에게 진상하였다는 히로호코(廣矛·크고 빛나는 창)를 제외하고는 있을 수 없다.

천신강림에 있어 천신은 후츠누시(經津主·도검의 신), 타케미카즈치(武御雷·정위대장군)의 두 신을 이즈모(出雲·현 시마네 동부의 평야)에 파견해, 오오나무치노카미 즉, 대국주명으로 국가를 양도하도록 명하였다. 자식子息인 코토시로누시事代主신과 협의 후 오오나무치大己貴는 다음과 같이 회답하였다.

"믿었던 나의 자식에게 넘기려 한다. 자신도 그러하다. 만일 자신이 저항하면 국내의 모든 신은 모두 맞설 것이다. 지금 자신이 물러나면 더 이상 불복하는 일은 없을 것이다."

오오나무치는 그렇게 말하고 자신이 국토를 평정한 때 의지한 히로호코廣矛를 두 신에게 받치고 이렇게 말하였다. "자신은 이 창을 가지고 드디어 국토 통치의 대공을 이룩하였다. 천손도 만일 이 창으로서 국가를 통치한다면 반드시 평안할 것이다." 그런 후에 그는 몸을 숨겼다.

4) 원시 언무元始偃武

마치 천손강림天孫降臨의 의儀를 역으로 지상평정의 신기神器를 천상으로 올려 보내 신손神孫통치의 마음을 설說하고 있다. 천신의 천양무궁(天壤無窮·하늘과 땅처럼 무궁함) 신칙과 3종신기三種神器의 수여는 지상에서 천상으로의 축복을, 천상에서 지상으로의 축복을 번안(翻案·내용을 바꾸어 고침)하였다고 할 수 있을 정도로 매우 닮았다.

천조대신天照大神 앞에 대국주신大國主神이 있다. 천손왕치天孫王治의 일본국 앞에 대국주 통치의 일본국이 있다. 천손 강림의 단어 앞에 국가양도의 말이 있었다고 한다면, 3종 신기 앞에 대국주 히로호코廣矛가 있다.

본래 천손수여의 신기 중에 으뜸은 천신의 위패形代로서 거울鏡과 대국주 헌상獻上의 창矛이다. 천하 황조신 신화전승神話傳承 세계에는 대국주의 천조대신과 대등의 강렬한 대왕 이미지를 두려워하고, 마찬가지로 지상의 충성일지라도 스사노오노미코토須佐之男命와 같이 정치성이 적은 것과의 연결을 추구하여 아메노무라쿠모노츠루키天叢雲劍를 가지고 대국주 국가이양의 히로호코廣矛로 바꾸어 놓았다. 망령亡靈은 여전히 남아 『고고슈이古語拾遺』에서와 같이 제2 신기설第二神器說을 전승하였다.

오오나무치大己貴의 대국주신은 별명을 야치호코노카미八千矛神이라 하였다. 쿠와시호코치타루쿠니細戈千足國인 일본국에 가장 어울리는 오오부오우大武王이었다. 많은 창(八千矛)과

크고 빛나는 창(廣矛)을 가지고 국토를 평정한 대국주는 이제 창矛을 감추고 몸을 숨겼다. 천손의 통치기원은 언무(偃武·전쟁이 끝나 무기를 보관함)에서 시작한다.

바로 지과위무(止戈爲武·창을 멈추는 것을 무라 함)이다. 천황의 역사인 일본사는 천황전사天皇前史의 지과止戈 위에 신검의 무덕武德을 쌓아 신기정통신화神器正統神話를 만든다.

5) 3종신기

3종신기는 야타노카가미(야타노 거울八咫鏡), 야사카니노마카타마(야사카니노 곡옥八尺瓊曲玉), 쿠사나기노카미(쿠사나기노검·草薙劍)를 말한다. 쿠사나기노카미는 처음엔 아메노무라쿠모노카미天叢雲劍라 하였다. 야마토타케루노미코토日本武尊의 동정고사東征故事에 따라 쿠사나기草薙로 개명하였다고 전해진다.

그렇다면 3종신기는 어떠한 사정이 있는가? 결론을 말하면 천황의 존귀함을 물건으로 상징하였다. 천황의 신성과 존귀에 대해 정신적으로 뜻하고 있는 것을 물질적으로 형상화하였다. 신화적으로 종교적이다. 고대 철학적으로

의의를 생각하였음은 말할 필요도 없다.

보검에 대한 신성철학神聖哲學이야말로, 즉 무사도 이전의 일본도日本道의 무도철학武道哲學이라 불리는 것이 되었다.

3종신기는 거울·옥·검을 이미 언급하였다. 거울과 옥은 천조일신天祖日神 아마테라스오오미카미(天照大御神·해의 여신으로 일본 황실의 조상신이라 함)가 천석굴(天石窟·아마노이와야)에 숨어 천지가 암운에 가려졌을 때, 다시 세상을 맞이하기 위해 천상계天上界의 고천원(高天原·타카마가하라)에 최대의 마츠리고토(政·祭り事·제사지내다는 의미로 나라를 다스린다는 뜻) 제단을 장식한 제기祭器이다. 특히 거울은 일신(日神·해의 신, 곧 태양신인 아마테라스오오미카미)의 형상을 표현한 것으로 신神은 요리시로(依り代·神木, 신령이 나타나 머문다는 매체물인 수목·암석 등의 유형물)로서 다시 지상에 광명을 가져왔다.

검劍만은 구전설화를 달리하고 있다. 검劍은 지상에서 천상으로 받쳐진 것이다. 이때 지상地上은 아직 천상권위天上權威의 곁에 없었다. 지상의 영이(靈異: 거울·옥)를 대표하여 복종과 충성을 표명하는 서약으로서 이 검劍을 천상으로 올려보내 천상의 영이(靈異: 거울·옥)와 합체함으로써 전세계全世界의 통일과 평화를 상징한 것이 되었다.

마침 대국주 즉 오오나무치노신에 의한 국가 이양과 같은 큰 마츠리고토政事를 보기합체寶器合體라 불리는, 신에게 봉사하는 일인 마츠리고토(祭り事·제사 지내는 일)를 상징하였다고 볼 수 있다.

만일 이 검劍이 보검寶劍으로서 황조신皇祖神 아래, 천손들 곁에 보존되어 있는 한, 창戈을 멈추고 무武를 멈추는 무武의 증명이라 할 수 있다.

6) 쿠사나기(くさなぎ, 草薙) 전설

이 쿠사나기草薙의 검은 야마토타케루노미코토日本武尊 때 실전에 사용되었다. 동국의 에조(蝦夷·일본 關東지역 이북에 살던 일본의 선주민족)가 반란을 일으키자 야마토타케루가 동정東征을 위해 하향下向할 때, 이세진구伊勢神宮에 봉헌한 이 보검寶劍을 사이쿠우(齋宮·제사를 지내기 위한 집)의 야마토히메노미코토倭姬命가 야마토다케루노미코토(日本武尊·12대 덴노게이코景行 천황의 아들)에게 하사하여 천하평정의 검이 되었다. 그때의 모습을 고지키古事記는 이렇게 전하였다.

"쿠사나기 검을 하사하고 어낭御囊을 주며 만약의 경우 이 낭(주머니)을 펼쳐보라." 이 검과 주머니가 어떠한 역할을 하였는가는 후단에 밝힌다.

사가미노쿠니(사가미국·相模國)에 들어서자 그곳의 국조(國造·지방을 다스리는 관직명)들이 미코토를 기만하여 평야로 유인하고 불을 질렀다. 미코토가 속았다고 깨닫고서 야마토히메의 말을 생각하며 주머니를 열어보자 부싯돌이 들어 있었다. 칼로 풀을 베고 부싯돌을 가지고 맞불을 놓아 나쁜 자들을 평정하였다고 한다.

니혼쇼키日本書紀의 구전설화는 다음과 같다. 야마토히메大和姬는 야마토타케루에게 검을 주고 '자신의 주의注意를 무시하지 말라'고 훈계하였다고 한다.

미코토(尊·命: 왕)가 조난당한 곳은 스루가노쿠니(駿河國·지금의 시즈오카 지방)이다. 속아서 화염에 휩싸인 미코토는 부싯돌로 맞불을 놓아 피할 수 있었다고 한다.

주석에는 "왕(미코토·尊)이 차고 있는 츠루기무라쿠모(劍叢

雲, 아메노무라쿠모노츠루기: 天叢雲劍)를 뽑아 풀을 베어 넘기고 맞불을 지르므로써 위험에서 벗어났다고 한다. 그래서 그 검을 가리켜 쿠사나기(草薙·풀을 쳐서 베는 칼날)라 한다."

7) 쿠사나기 지무草薙止武

니혼쇼키(日本書紀·신화시대부터 AD 697년 다이카 개신까지 역사를 AD 720년에 완성)의 표현법을 중시한다. 검劍은 미코토(みこと·尊)가 뽑지 않고 자연스럽게 뽑혀져 나와 주위의 풀을 베어 넘겼다고 한다.

이 검劍은 분명히 실지 사용되었다. 방위용防衛用으로 사용되었으며, 적을 공격하기 위해 사용하지는 않았다. 검劍이 저절로 움직여 위기에서 구하고 적을 평정하였다는 표현은 검劍 스스로가 주체의지主體意志였음을 이야기하고 있다.

쿠사나기草薙 검劍은 사람에게 이용되어 움직이는 검劍이 아니다. 검劍 스스로의 의지로 움직이는 주체의지와 신성의지神聖意志를 가지고 사람을 지키기 위해서만 움직이며, 사람을 공격하기 위한 무기가 아닌 영검靈劍이다.

즉 무武는 신의神意의 자율自律 하에 보유保有된다. 그렇다면 무武 본원本源의 이념으로 유지되고 현재까지 이어지고 있다. 무武 본래의 이념은 지과止戈이다.

쿠사나기草薙 전설은 신검神劍이 지과止戈의 원덕(原德·원래의 덕)에 있음을 생생하게 말하고 있다. 검劍은 부싯돌과 함께 주머니 속에 단단하게 숨겨져 '자신의 주의를 게을리 하지 말라'는 도의道義에 봉인封印된 것이야말로 지과위무止戈爲武이다. 이 검劍이 작용할 때는 인간의 힘이 아닌 신神 스스로의 의지라는 점은 인력人力의 무武이상이며, 즉 신무神武로서 무武를 초월한 무武였음을 나타내기 위해서이다.

무武이기를 그만 둔 무武, 무武를 초월한 무武. 철학적·변증법적인 무덕武德의 이념성을 표현하기 위해 쿠사나기草薙 무도를 말하고 있다.

8) 진노쇼토키神皇正統記

애초에 기기(記紀: 古事記와 日本書紀의 통칭)와 『고고슈이古語拾遺』의 신기설神器說은 엄밀하게 말하면 신기관神器觀으로 신기론神器論이 아니다. 어떠한 사상이 감춰져있는가는 문제시할 수 있었으나 논의되지 않았다.

역사적으로 당당하게 의견을 발표하고 하나의 일본철학으로 발전시킨 책은 가마쿠라鎌倉 후기에서 난보쿠쵸南北朝 시대의 공경(公卿·고관의 총칭)이었던 키타바타케 치카후사(北畠親房·1293~1354, 96대 일본 천황인 고다이고後醍醐: 1288~1339, 천황을 섬긴 중신)의 『진노쇼토키神皇正統記』이다. 여기에서 3종신기론三種神器論은 비로소 이론화된다. 거울·옥·검 각각에 대한 이념이 역사에 근거하여 논의되고 있다. 이것이 3종신기의 역사철학이라 할 수 있다.

3종신기는 황위皇位의 신성과 존귀의 오래된 유래를 말하고, 정통의 일월日月과 함께 영구불변함을 증명하는 신의 위폐(形代·카타시로)로 생각하고 있다. 여기서 철학의 한 중심에 서 있는 신검철학神劍哲學도 또한 이론상 일본과 함께 오래된 무도철학이다.

『진노쇼토키神皇正統記』의 신기철학神器哲學의 장章은 일본무도론日本武道論에 일본학의 이론화를 부여한 철학설이다. 이 책의 서론에 오야마토大日本는 신국神國이라고 선언하며, 그래서 일본 천황가는 만세일계(萬世一系·만대에 한 혈통으로 이어졌다는 주장)로 신의 피를 이어 받았다는 이론을 세웠다.

9) 신기론의 철학화

천손강림天孫降臨에 있어 황위皇位가 영원해야 한다고 논한 이른바 천양무궁(天壤無窮·하늘과 땅처럼 영원하고 끝이 없음)의 신칙을 내리고, 거울을 특히 천신天神의 위폐(形代·카타시로)로서 봉재(奉齋·제사를 지냄)하도록 명하였다는 사실은 이미 기기(記紀)에 언급하였다. 『진노쇼토키神皇正統記』는 이점을 다시 소개한 후 3종신기를 수여하고 칙어를 받은 내용을 다음과 같이 소개한다.

"거울과 같이 분명分明하게 천하를 조림(照臨·신불이 세상을 굽어 봄)하라. 야사카니八坂瓊 곡옥曲玉이 널리 펼쳐지듯이 탁월한 솜씨로 천하를 통치하라. 신검神劍을 내려 쳐 불순不順한 자를 평정하라."

이것은 고전古傳어디에서도 나타나지 않았기 때문에 후세 헤이안平安 중기 이후 특히 카마쿠라(鎌倉·1185~1333)시기에 정리된 신도설神道說이다. 그렇다고 하더라도 경·옥·검(鏡·玉·劍)을 최고의 제덕(帝德·제왕의 성덕)을 상징한다는 마음의 이론적 이해로서 주목해야 한다.

거울은 분명하다. 옥은 곡묘(曲妙:極妙·지극히 미묘한 것)이다. 검劍은 파사현정(破邪顯正·그릇된 것을 깨뜨려 없애고 바른 것을 드러냄)이다. 후세에 무도의 극치를 지·인·용(智·仁·勇)으로 표현하기도 한다.

신덕神德의 나열법은 상당할 정도로 가깝다. 3종의 신기철학神器哲學은 점점 무사도 이전부터 무사도로 도道를 개척하는 도의철학道義哲學으로 되었음을 알 수 있다.

『진노쇼토키神皇正統記』의 저자인 치카후사親房의 독자적 신기설도 분명分明·곡묘曲妙·파사현정破邪顯正의 이론적 정비에 따른 도의철학화이다.

치카후사도 거울鏡은 밝음을 나타내고, 명明은 일월을 모방하였다고 한다. 옥玉은 유화·선순(柔和·善順: 항상 부드럽고 화합하고, 선하고 도리를 따르는 것)이다. 곡묘曲妙를 바꿔 말한 것이다. 검劍을 강리剛利・결단決斷이라 하는 것은 바로 파사현정破邪顯正이다.

10) 정직・자비・지혜

『진노쇼토키神皇正統記』에는 중세신학적인 종교철학의 냄새가 매우 강하다. 그럼에도 불구하고 설득력이 풍부한 점은 선행의 관습적인 이해를 근거로 역사의 이론으로 구성하고자 하였기 때문이다. 종교이론은 매우 이성적理性的이다. 그래서 아래와 같은 종교철학이 되었다.

"거울은 조금도 보태지 않고 사심 없이 만상을 비추니, 반드시 선악의 모습으로 나타난다. 모습에 따라서 감응感應을 덕德으로 한다. 정직의 본원(本源・주장이 되는 근원)이다. 옥玉은 유화柔和・선순善順을 덕德으로 한다. 자비의 본원이다. 검劍은 강리剛利・결단決斷을 덕으로 한다. 지혜의 본원이다."

이와 같이 신기 3종에서 거울은 정직貞直, 옥은 자비慈悲,

검劍은 지혜智慧의 3가지 덕德을 상징하게 되었다. 아래는 3덕三德에 대한 주석이다.

"3덕三德을 모두 받지 않고서는 도저히 천하를 통치할 수 없다. 신칙(神勅·신의 칙서)은 분명하다. 사(詞: '말하다·고하다'의 뜻)는 부드러우나 의미는 심오하다. 신기神器에 마음이 나타난다. 정말로 고마운 일이다."

신칙의 마음이 신기神器가 되었다. '정직·자비·지혜', 이 세 가지 덕이 신덕神德이며, 천하를 통치하는 일본의 마음이다.

11) 일본철학의 구상

3덕三德은 3이 1이고, 1이 3인 삼위일체설三位一體說이 그 뒤를 잇는다.

"세 가지 중에 거울이 본本이다. 종묘(宗廟·伊勢皇太神宮)의 정체正體는 거울이다. 거울은 명明의 모습이다. 심성이 밝다면 자비·결단은 거울 속에 있다. 하늘에 있는 것 중에 일월(日月·해와 달을 아울러 이르는 말)보다 밝은 것은 없다. 명덕明德으로 군림한다. 군君도 신臣도 신명神明의 자손이다. 정말로 황송한 국병(國柄·국권, 나라를 통치하는 권력)이다."

신기철학은 천조대신天照大神이 특히 거울에 대해 나를 보는 것과 같이 재(齋·제사)를 지내라는 칙어에 근거하여 최종적으로 신경일원론神鏡一元論에 귀착한다. 신덕神德한 정직일원론철학正直一元論哲學에 귀일하여, 옥玉의 자비도, 검劍의 결단도 정직의 심중에 스스로 작용한다.

일본에는 고대로부터 청명직성淸明直誠의 표현으로 도의道義의 근본을 이루고 있다. 정직하게 모든 덕의 근원根源인 원덕元德의 의의를 인정하는 사고는 오래된 청명직淸明直으로 이어진다. 사심 없는 분명分明이라 하고, 시비·선악이 있다는 것은 고도古道에 없었다. 정직한 것이 전통적이라도 정직에 이르는 사고내용은 유교의 이지적理知的 철학으로 이성적(로고스·말씀)이다. 오히려 자비의 본원이며, 지혜의 본원은 완전히 불교적이다.

신기론神器論은 유교·불교 즉 세계 이성철학理性哲學의 방법에 근거하여, 일본의 전통사상을 재검토하고, 이것으로 일본철학의 기초를 부여하고자 하는 비판철학에 적용한 것이다.

12) 쇼토쿠聖徳태자와 키타바타케 치카후사北畠親房

오늘날 일본의 신덕神徳이 의미하는 부분을 이상과 같이 이해한다면 "내외전內外典의 학문도 극도極道에 이르러야 한다"고 말하고, 내전內典 즉 불교, 외전外典 즉 유교의 목적도 결국 극도에 이른다는 표현으로 일본의 도道가 인류보편人類普遍의 도道가 된다는 것을 말한다.

애초에 논의는 순서가 반대로 되어 있어, 일본 고래古來의 도(神道)는 이상과 같이 유교·불교와 같은 세계의 이론理論에 비추어, 인류보편의 도道로서 인식되어야 하며, 그 방법을 제시하였다고 이해해야 하는 것이다.

실지 저자(키타바타케 치카후사)는 계속해서 "도道를 전파하기 위해서는 내전內典·외전外典의 유포(流布·세상에 퍼뜨림)의 힘에 의지해야 한다는 것이다. 제15대 오우진應神천황이 유서儒書를 전파하고, 일본 제31대 요메이用明 천황의 제

2황자인 쇼토쿠 태자聖德太子 때부터 불교가 번성하게 한 것은 이 분들이 모든 신神의 권화(權化·부처나 보살이 중생을 구제하기 위하여 사람의 모습으로 이 세상에 나타나는 일)로서 아마 천조대신天照大神만이 뜻을 이어받아 일본의 도道를 널리 전파하고 심화하였다"고 하였다.

쇼토쿠 태자의 헌법 17조는 화和를 가지고 귀貴로 간주하는 사상, 독경삼보(篤敬三寶·언행을 착실히 하고 공손히 하여 佛·法·僧을 섬김)의 마음은 사생(四生·불교의 출생 방식에 따른 생물이 태어나는 4가지 모양으로, 난생卵生·태생胎生·습생濕生·화생化生을 말하는 것으로 모두 생명의 윤회를 의미한다)의 종귀(終歸·마지막 귀결), 만국의 극종(極宗·종교의 극의)이라는 철학을 한 마디로 말하면 유교·불교와 같은 세계의 도리로 일본의 도를 인류보편의 도道로 높이고자 한 것이다.

쇼토쿠 태자의 철학화哲學化의 도道는 약간 추상적·관념적이었다. 치카후사親房의 철학은 매우 이론적이면서 또한 현실적·실천적이다. 역사 속에서 이 사상을 담고 역사적 현실로서 일본의 도道를 보편화하였다는 데 있다.

지금까지 일본 고대역사의 도道에 대해 이와 같이 생생하게 이성이론적理性理論的인 철학이해는 없었다.

13) 일본철학의 논리학

우리의 과제課題인 '무도 기원의 검덕설劍德說'도 실은 일본왕도철학日本王道哲學으로서 신기철학神器哲學의 일환인 것이다.

거울·옥·검의 이념인 정직·자비·지혜의 3덕德이 각각 어떠한 성격적 구조를 가지고 있으며, 특히 강리剛利·결단決斷이라는 구체적 성격규정을 부여한 검덕劍德이 최종적으로 지혜라는 원덕元德에 집약되었을 때 어떻게 포장되는 관계인가?

3덕(三德: 정직·자비·지혜)의 전체적 구조적 관련은 어떤 것인지가 마지막 과제이다.

먼저, 거울의 덕을 분명무사(分明無私·분명하여 사사가 없음)로 인식하면서 정직의 본원이라는 문맥文脈이다. 이성적인 진정眞正, 진리의 관념과 정의적情意的 성실誠實, 진실의 관념觀念을 하나로 묶은 유교형儒敎型 논리철학이다. 하늘의 논리와 사람의 논리를 직선적으로 하나의 관념으로 묶는 우주철학은 인식론과 실천론, 순수이성론과 실천이성론을 궁극적 하나인 일관된 도리세계道理世界로서 구성했다.

사서四書의 하나인 『대학大學』 장구章句편의 명제인 격물치지格物致知 → 성의정심誠意正心 → 수신제가修身齊家 → 치국평천하治國平天下의 세계관은 '하나로 일관한다.' 만능논리학萬能論理學에서 왔다.

물物에 격格이 있고, 지知를 안다 함은 보통 진리의 궁극 이성의 작용을 말한다. 동시에 도리세계道理世界는 물심(物心·물질적인 것과 정신적인 것), 일사의 이치(理致·도리에 맞는 취지)를 이해하는 고도의 정의적情意的인 도리의 감각도 포함되어 있다.

에도시대江戶時代의 일본 국학자·의사인 모토오리 노리나가(本居宣長·1730~1801) 등은 사물의 애절함과 미적 감동도 물심·사물의 이치를 이해하는 부분에서 온다고 한다.

때문에 고전적인 인식론에는 현대말로 하면 순수이성비판·실천이성비판·판단력비판과 같은 진선미 모든 논리학적 검증도 모두 하나의 격물치지에 근거한다.

정심正心이라는 이성(理性·로고스)을 바르게 하는 마음의 분명分明도, 성의誠意라는 정의(情意·따뜻한 마음과 뜻)를 진실(誠)되게 하는 마음(情)의 청명淸明도 하나의 심성의 밝음에 귀일하고 수신·제가의 인륜人倫에 이른다.

과학적인 객관의 지식이 인륜적인 주관의 지혜에 둘러싸여 도의道義·정의正義를 뒷받침하는 객관의 보증保証과 같이 위치位置되고 있음을 알 수 있다.

14) 세이쵸쿠正直와 쇼우지키正直

거울鏡의 덕德에 대해 "하나도 보태지 않고 사심이 없다"로 만상을 비추는 명지明知를 말하기 때문에 대부분은 객관의 순수이지純粹理知이어야 했다. 그럼에도 불구하고 시비·선악의 모습을 비추어 구분하는 것으로 끝맺는 것은 이비理非·곡직曲直의 지혜와 시비是非·선악善惡의 지혜가 처음부터 하나이며, 지知는 지智에 포함되어야 완전해진다고 생각하기 때문이다.

이理는 선善이 된다. 진眞은 성誠이 된다. 정正은 항상 진심眞心을 의미한다. 이비분명理非分明은 선악분명善惡分明이다.

사리事理를 밝히는 것은 진실眞實이다.

　거울鏡은 진실의 형태로 정직正直의 본원本源이 된다. 나아가 이理에 있어서 정직이며, 마음에 있어서 정직이다. 진眞과 성誠의 진실의 일치를 나타낸다. 여기서 세이쵸쿠正直는 '시비에 밝고 곧은 모양'이며, 쇼우지키正直는 정직한 사람을 말한다.

　"거울鏡은 명明의 모습으로, 심성心性이 밝으면 자비·결단은 그 속에 있다"는 경덕일원론鏡德一元論은 여기에서 왔다.

　자비慈悲는 마음의 진실, '온화한 덕德을 갖춘 신령한 영혼和御魂'의 정직을 말한다. 유화柔和·선순善順은 형태를 가리킨다. 옥玉은 거울의 진실을 나타낸다.

　강리剛利·결단決斷은 이비분명(理非分明: 是非分明)을 밝히는 이성(Logos)에 대해 말하고 있다. '거칠고 사나운 영혼(荒御魂)'의 정직이다. 지혜는 이지의 영력靈力을 가리킨다.

15) 대일영大日靈과 대일大日의 영靈

만일, 강리(剛利·단단하고 날카로움)·결단(決斷·결정하여 판단함)의 정직이라면, 지혜는 이성적인 지혜 즉 이지理知로서 냉철한 것이다. 그럼에도 불구하고 강리·결단은 과학적인 지성知性의 작용이 아닐 뿐만 아니라 유교적儒敎인 이지理知도 아니다. 아마 불교의 예지叡智·불지佛智를 모방한 지혜이다.

불교에서 말하는 다섯 가지 지혜인 대원경지(大圓鏡智·모든 것을 있는 그대로 비추어 내는 크고 맑은 거울과 같은 청정한 지혜)의 거울은 큰 깨달음의 지혜를 상징한다.

종묘宗廟의 신경神鏡 내에 포함되는 지혜는 대원경大圓鏡의 덕德을 그대로 인간 세상에 전파하는 작용을 한다.

이 외에는 평등성지(平等性智·자기와 타인의 평등함을 아는 지혜)·묘관찰지(妙觀察智·사물의 모양을 잘 관찰하여 선악을 가려내고 남을 교화하여 의혹을 끊게 하는 지혜)·성소작지(成所作智·오관으로 자기나 남에게 모두 유익하게 하는 갖가지 업을 베푸는 지혜)·법계체성지(法界體性智·모든 분별이 끊어진 상태에서 있는 그대로의 본성을 아는 지혜)가 있다.

본서는 "일본신神은 대일(大日·위대한 광휘)의 영靈으로 한다면 명덕明德으로 조림(照臨·비추어 임함)하며 음양陰陽으로서는 추측하기 어렵다. 명현(冥顯·사후세계와 사바세계)에 이를 뿐이다"고 한다.

일신日神의 천조대신은 대일영귀大日靈貴 혹은 천조대일영존天照大日靈尊으로 불렸다. 대일영大日靈을 대일의 영靈이라 부름으로써 치카후사親房는 일신(日神·태양신)을 불교적, 특히 밀교적으로 주존主尊인 대일여래大日如來로 판단하는 습합(習合: 교리·철학 등 사상의 절충)사상으로 재편성하였다. 고전古傳에서 일신日神을 대일영大日靈으로 부른 점에 이미 불교의 영향이 있었을 지도 모른다.

16) 금강지金剛智의 지혜

대일여래大日如來는 대大는 '마하'이며 일日은 '비로자나(부처님의 진신)'이다. 대일大日은 위대한 코우키(光輝·환하고 아름답게 눈이 부심, 눈부시게 훌륭함을 비유적으로 이르는 말)이다.

여래如來는 '진실로 오실'의 뜻으로 부처의 열 가지 이름 가운데 하나이다. 달리 금륜성왕金輪聖王이라고도 부른다.

태양이 금륜金輪을 바꾸어 제생諸生을 육성育成하는 성주聖主이듯이 만생萬生을 비추어 구원하는 태양왕太陽王으로서 교주敎主이다.

대일여래를 교주敎主로 하는 밀교는 우주를 금강계金剛界와 태장계胎藏界의 양부만다라兩部曼茶羅로 두 가지의 진리세계로 구성한다. 금강계는 현상계에 나타난 세계, 태장계는 진리가 진리 안에 간직되어 있는 상태를 말한다.

음양으로 말하면 태장계는 음, 금강계는 양, 또 명현冥顯을 달리 표현하면 태장계는 명(冥: 내세), 금강계는 현(顯: 현세)이다. "음양에 있어 예측하기 어렵다. 명현에 있을 뿐이다"는 금태양부(金胎兩部·금강계·태장계 양 세계)의 제불諸佛, 제신諸神도 대일신大日神의 명지明智·명덕明德 하에 화합일치하여 치국평천하를 이룬다는 의미이다.

대일여래(비로자나불)와 천조대신과의 습합習合은 이세신도伊勢神道와 큰 관련이 있다. 불교와 신도神道의 관계, 내궁內宮과 외궁外宮과의 일체관계도 양부兩部로 설명한다. 저자 치카후사는 이세신도伊勢神道를 잘 알고 있었다.

그의 밀교성密敎性은 실로 이세신도 내에 습합된 밀교사상이다. 즉 밀교성은 신도神道이론으로서 전개한다. 일반적인 불교를 현교顯敎라고 한다.

만다라는 밀교(부처의 비밀한 깨달음의 경지)에서 나타난 불화佛畵이다. 만다(진수·본질) + 라(변함)는 인도 재래의 신앙현상을 다신교적으로 불교에 도입하여 많은 불화佛畵로 나타내었다.

밀교에서 금강계대일金剛界大日은 지권인智拳印이라 하여 불지佛智의 깨달음을 상징하는 수인手印을 취한다. 지권인은 금강권金剛拳이라 하여 금강지金剛智를 나타낸다. 지권인의 모양은 두손 엄지손가락을 모두 손 안에 넣고 오른손 네 손가락을 손바닥으로 감싸 쥐고, 맞잡은 손을 가슴까지 들어 올린 것이다.

주먹 속에서 오른손 엄지와 왼손 집게손가락이 서로 맞닿게 한다. 오른손은 법계를 뜻하고 왼손은 중생을 뜻한다. 이 수인은 법으로써 중생을 구제한다는 것을 의미한다.

보검의 지혜를 강리·결단으로 칭한 것은 금강지 때문

이다. 밖으로 사람과 물건을 자르는 예리銳利가 아닌, 안에 정사正邪·선악善惡의 제거를 고집하는 예리로서 인식함을 가리키며, 강리剛利를 지혜라 한다.

바로 시비·선악의 모습을 여실히 보여주는 거울의 분명分明한 체體를, 결단으로 옮기는 강리의 작용으로서 보경寶鏡의 용用이 된다.

대극對極에 유화柔和·선순善順을 두고 옥玉의 자비慈悲가 되어 대원경지(大圓鏡智·지혜를 비추어내는 크고 둥근 거울)의 화和로 정착한다.

17) 자각적인 무도철학

만일 검劍의 덕德이 앞에서와 같다면 검劍은 안에 강리剛利로서 작용하는 지검智劍이다. 밖으로 무기武器로서 작용하는 이검利劍은 아니다. 즉 이기利器이기를 그만두고 오히려 검의 임무를 완수하는 무武가 된다.

무덕철학武德哲學은 부정否定의 무덕武德을 가장 내면화內面化한 형태로 설명한다.

3종신기의 성립과정 중에 무武를 삼가고, 무의 이상理想에 이른다는 사상이 내재하고 있음을 검토해 왔다. 이것은 자각적自覺的이 아니다.

신황정통기 곧 『진노쇼토키神皇正統記』는 유교와 불교의 인仁과 자비慈悲의 사상으로 이론화하고, 정도철학政道哲學의 이상理想으로 향상시켰다.

무武는 지과止戈로 창을 멈추고 무武를 그만둠으로써 무武가 된다고 하더라도 구체적으로 무엇인가? 역사歷史라는 어떤 사실에 대해 현실로서 문제화할 수 있을까? 많은 요청에 그치고 있다. 역사상 3종신기의 존재와 이념은 비로소 테마를 주제화主題化하였다.

『진노쇼토키神皇正統記』는 자각적인 역사철학으로 이론화理論化하고, 현재화顯在化하여 현실적·이상적인 문제로 고찰하였다.

무도가 만일 무사도로 끝나지 않는다면 무사武士 이전, 무사 이후부터 국민의 도道, 국가의 도道로서 문제화하여야 한다. 『진노쇼토키神皇正統記』의 3종신기 철학은 무사도 이외의 무도철학으로서 최고의 형태를 갖추었다.

3. 무사의 마음과 일본의 마음

1) 일본인 보편의 마음

무도와 무사도의 마음(정신)이 본래 무엇인가와 실지 역사의 반성으로서 어떠한 철학에 도달하였는가도 이미 고찰을 끝냈다. 남은 과제는 시간을 초월한 불변의 도道, 공간을 초월한 보편의 마음心·정신으로서 생각할 수 있는 어떠한 근거를 가지고 있는가이다.

후쿠자와 유키치福澤諭吉의 『야세가만瘠我慢의 설說』, 우치무라 칸조內村鑑三의 『대표적 일본인代表的 日本人』에서 일련의 무사도설, 니도베 이나조新渡戶稻造의 『무사도武士道』의 3권에서 대략 이 문제에 대한 해답을 찾았다. 약간 고전적이며 교설성敎說性이 강한 아쉬움이 있다.

보완점으로 여기 소개하는 독일의 철학자인 오이겐 헤리겔(Eugen Herrigel, 1884~1955)의 저술인 일본에서의 궁술弓術 수련에 대한 『궁술 속의 선禪(Zen in der Kunst des Bogenschiessens)』을 예例로 든다. 그는 다이쇼大正 13년인 1924년에 일본으로 와서 선禪을 이해하기 위한 방편으로 궁도를 배웠다. 그의 표현방식은 서양 독자들에게 도저히 접근 불가능해 보이는 특이한 동양적 경험의 세계를 이해시켜 주고자 했다. 무도가 보편의 예도藝道인 이유는 거의 여기에 있다.

먼저 본장에서 사례를 든 세 명(후쿠자와 유키치·우치무라 칸조·니토베 이나조)은 영어를 통달한 대표적인 근대 일본인이며, 전형적 세계인(국제인)으로서 일본인임을 가리킨다. 그럼에도 불구하고 세계인이었던 일본인이 공통된 일본인의 마음으로서 무사도武士道를 말하고 있는 점에 주목한다.

이 사람들은 일본의 도道로서 세계에 대한 일본이 일본이라는 이유를 주장할 수 있다고 설명하면서 협의의 무사도만의 도道, 봉건 일본의 도道, 아니 일본만의 도道를 설명하지 않고 무사를 초월한 '일본의 도道', 역사를 초월한

'인간의 도道'의 인식으로 세계 속의 일본도日本道로서 무사도武士道를 평가하여 자리매김하고자 하였다.

만일 무사도가 무사만의 도道, 일본만의 도道가 아닌 인류 보편의 도道가 된다면, 설령 이름은 무사도이지만 실은 무사도를 초월한 보편적인 일본도日本道가 된다. 여기에 이 사람들의 무사도 논의의 중요성이 있다.

2) 후쿠자와유키치福沢諭吉의 야세가만瘠我慢 설説

일본만의 무사도를 초월한 보편적인 세계 속의 일본도日本道로 자리매김한 무사도 그 중에서 어떤 의미에서 가장 중요한 책은 후쿠자와 유키치(1835~1901)의 무사도론일지도 모른다. 이유는 무사도를 밝히지 않은 무사도론이기 때문이다. 무사도에 해당하는 것을 야세가만(瘠我慢: 죽기를 각오하고 버티는 오기·악바리 정신·임전무퇴臨戰無退의 정신·목숨을 바쳐 나라를 지키고 의를 위해 죽는다는 정신)이라 부른다.

그의 이 말이 무사도에 해당한다는 것은 카츠야스요시(勝安房·勝海舟: 가츠 가이슈, 1823~1899)와 에노모토타케아키(榎本武揚·1836~1908) 등의 바쿠후幕府 말기 유신의 행동과 이후의 출처진퇴를 논하고, 미카와 후다이(三河譜代·신주지방의 대를 이은 가신)의 무사도에 반하여, 무사의 풍상(風上: 바람이 이는 쪽)에도 둘 수 없다 등의 표현으로도 야세가만(瘠我慢 : 억지로 참고 버팀·악바리 근성)이 무사도에 맞는 사용법임은 한 점의 의심도 없다. 그럼에도 불구하고 시대의 관습에 따라서 무사도라 하지 않는 점에 논자論者의 배려가 있다. 무사도를 초월한 무사도론으로서 주목할 가치가 있다.

후쿠자와 유키치는 왜 사실상 무사도라 부르지 않았던가? 그것은 이 마음이 무사의 시대 이전부터 있었으며, 무사시대 이후에도 일본국 입국立國의 마음이며, 무사시대에서도 마땅히 무사의 사기士氣로서 남고, 에도江戶 바쿠후幕府를 세운 토쿠카와 이에야스德川家康의 간토關東 이전 본거지로 미카와三河무사의 정신으로서 작용하였더라도 본래 일본국 고유의 만세사풍(萬世士風·오래된 무사의 기풍)이며, 일본 만세의 사기士氣, 특히 상류무사上流武士의 고유기풍이라 할 수 있기 때문에 감히 무사도로 부르지 않았다.

'수천수백년 동안에 배양된 일본무사의 기풍'이라는 표현에서 보면 입국立國의 마음, 목숨을 바쳐 나라를 지키고

의를 위해 죽는다는 야세가만痩我慢은 즉 일본국과 일본국민의 일본고유의 마음이며, 특별히 무사도에서 정화(精華·精髓)를 본시 일본의 마음이라 할 수 있다.

과거, 야세가만痩我慢의 설은 무사도론으로 다시 읽는 것으로 충분하다. 현재, 무도일본론武道日本論으로 읽어 깊이를 더하고 있다.

3) 입국의 정신

이 『야세가만痩我慢의 설』의 논술에서 입론立論의 근거를 널리 만국공통萬國共通의 입국정신(立國精神·나라를 세우는 정신)인 애국심에 둔다.

안으로는 봉건시대, 제번諸藩이 번국을 이루고 지키려는 사기士氣와 함께, 밖으로는 네덜란드·벨기에와 같은 '소국小國'일지라도 독일·프랑스와 같은 '대국大國'과 어깨를 나란히 하고 독립을 견지하고, 국가·민족의 명예를 사수하는 애국정신이다.

수평으로 세계의 모든 민족과 국민에 공통되는 보편의 '입국立國의 도道', 애국심으로서 공도公道라 할 수 있다.

수직으로 건국시기로 거슬러 올라가 국가 만대에 미치는 입국의 마음으로서 어떤 특정시대, 특정의 사람들만의 시대정신은 아니다. 민족고유인 일본고유의 도道이다. 따라서 '만세萬世의 사기士氣'라 할 수 있다.

일본 상류무사의 기풍氣風으로서 특별히 '무사의 기풍'을 대표하고 있다. '오랫동안 배양된 일본 무사의 기풍'과 "미카와 무사(三河武士)*의 정신에 반한다"고 하고, 또 "세속에 전하는 무사의 풍상風上에도 놓이지 않는다"라고 후쿠자와가 말하려는 부분이 이른바 무사정신武士精神임을 알 수 있다.

*역자주 : 지금의 아이치현의 무사들을 말하는 바, 이곳 출신의 혼다 다다키츠는 도쿠가와 이에야스德川家康 집안의 무사로 500명의 병사를 이끌고 도요토미 히데요시豊臣秀吉의 5만 병력에 맞서 싸워 물리쳤던 이들을 말함.

즉 이것은 이념형理念型의 무사도이다. 역사 현실적으로도 무사도적이다. 그럼에도 불구하고 야세가만瘠我慢의 큰 주의는 입국立國의 근본의根本義인 사기士氣, 즉 '만세萬世의 사기土氣'라는 점에 있다.

그렇다면 『야세가만瘠我慢의 설説』은 무사도적이며, 무사도가 아닌 일본의 도道를 문제시할 때 가장 주목해야 할 무사도론의 하나라 할 수 있다. 무도론武道論이 무사도의 이름을 칭하지 않는 무사도론에 특별히 주목하는 것은 이 때문이다.

야세가만瘠我慢이라고 말하는 인식・파악의 이것도 흥미롭다. 후쿠자와만이 사용하는 말이다. 이와 같이 중요한 국민정신・민족정신을 언급하면서, 흔한 말로 도의성・윤리성을 언급한 점은 문제를 국민 모두가 이해의 장場에서 논의하려는 것으로 먼저 문제의 방법 자체에 문제의 국민화國民化가 있다.

무사도의 문제를 무사에서 해방하여 국민의 일상 윤리감・정의감으로 다가선 점, 다른 어떤 논의자論議者보다도 설득력이 있는 배려이다.

의義를 위해 나라를 위해 공공公共을 위한 숭고한 목적도 야세가만瘠我慢과 같은 마음가짐으로 받아들이면, 머리로 생각하는 것이 아니라 몸으로 느낀다. 이처럼 현대 속에 육체의 윤리倫理・감각의 도의道義로서 무사도의 정신이 되살아나는 점에 후쿠자와의 독특한 정신의 깊이가 있다.

무도론도 국민 모두의 장場에서 국가・공공의 의義인 마음의 자각에 관련된 도道로서 논할 필요가 있다. 무도의 술術과 예藝는 먼저 육체肉体의 논리論理를 거쳐 윤리倫理로 나아간다. 무도는 야세가만瘠我慢의 견해로서 충분하다.

4) 우치무라 칸조의 무사도와 막스 베버(Max Weber)

우치무라 칸조(內村鑑三・1861~1930)도 무사도는 무사시대의 무사도가 아닌 일본고대 일본의 도道인 무사도이다. 무사시대의 무사라는 역사적 한정을 가진 사람과 관련된 무사의 성격, 특히 한계로 생각하는 병사・전사로서의 성격은 이념理念 무사도에서 제외하여 생각한 것이다.

병사들이 전쟁터에서 단련하고 인간의 근원에 도달한 사람의 도道에 대해 이념무사도理念武士道를 생각한다. 이것을 일본의 도道로서 평가하였다.

구체적으로 말하면 성실誠實・정직正直・신의信義・질소(質

素: 꾸밈이 없고 순수함)·관대寬大의 금욕적인 진심이 무사도 정신의 윤리성(倫理性, ethos)이다. 진정한 무사도라면 분명히 근대의 마음이 되고 세계의 정신精神도 될 수 있다는 것이다.

독일 에어푸르트에서 태어난 금세기 최고의 사회과학자인 막스 베버(Max Weber·1864~1920)는 근대자본주의 경제정신(Wirtschafts ethos)으로 생각하는 것이 실은 프로테스탄티즘의 직업윤리(職業倫理·Beruf) 또는 소명(召命·calling)에 근거한 이론을 제시하여 오늘날의 정설定說이 되었다.

직업윤리는 무사도 정신에 매우 가까운 금욕적인 윤리(정직·성실·근면·절검節儉과 같이 무사도 정신과 유사함)이다. 이념으로서 무사도 윤리는 근대의 직업윤리·경제윤리로 바뀌고 되살릴 수 있는 에토스(ethos·고유의 윤리정신)이다.

우치무라 칸조는 일본의 마음을 직업윤리 또는 경제윤리의 방향으로 근대화하고 보편화하고자 한 것은 아니다. 우치무라는 일본 그리스도교를 세계에서 최고의 그리스도교로 만들 수 있다고 종교를 지원하는 토대의 마음으로 자리 잡으려 하였다.

5) 무사도와 그리스도교

우치무라內村의 유명한 '무사도에 접목된 그리스도교' 강령綱領이 있다. 알다시피 중요하다. 만약을 위해 그 논지論旨를 요약해 둔다.

"무사도는 일본국 최상의 산물이지만, 무사도로 인해 일본을 구할 수는 없다(사람을 구하는 것은 신뿐이기 때문). 무사도라는 유서 깊은 나무 위에 그리스도교를 접목하였다. 그것은 세계 최고의 산물로서 일본은 물론 전세계를 구할 수 있다"는 취지였다.

우치무라의 생각은 그리스도교는 근대 문명, 특히 물질주의에 의해 쇠퇴하고 있으며, 신神은 이러한 상황에서 일본국 최상의 것인 산물로 성업聖業을 돕고자 했다.

일본 역사에는 이와 같이 깊은 세계사적 의의가 있었으며, 신神은 이천수백여년의 긴 역사에 걸쳐 일본에 무사도를 완성하고, 그리스도교에 접목하여 세계를 구할 수 있다고 했다.

그래서 우치무라는 그의 묘비명에도 그리스도의 사랑과

정신을 영어로 "I for Japan ; Japan for the World ; The World for Christ ; And All for God.·나는 일본을 위해서 일본은 세계를 위해서 세계는 그리스도를 위해서 그리고 모두는 신을 위해서"라고 생전生前에 유언하였다.

그리고 평소에 그는 "나는 오로자 두 'J'를 사랑할 뿐이다. 하나는 Jesus(예수)의 'J'이요, 다른 하나는 Japan(일본) 'J'이다. 이처럼 우치무라는 예수와 일본을 사랑했다.

후쿠자와 유기치福澤諭吉도 무사의 사기士氣, 무사도는 일본이 오랜 역사에 걸쳐서 육성해진 것처럼 만세에 전해야 하는 일본의 사기士氣라 하였다. 우치무라도 거의 같은 생각으로 무사도는 긴 세월에 걸쳐서 완성되었기 때문에 일본으로서 역사와 함께 오래된 일본의 마음心, 일본의 도道라 한 것이다.

무사도가 좁게 무사시대의 무사의 도를 초월해야 하는 이유는 여기에 있었다. 그래서 역사와 함께 오래되고 역사와 함께 한 긴 세월, 나아가서 역사에서 가장 뛰어났기 때문에 특정의 시간과 공간의 한정限定을 초월한 이념성理念性을 가진 것이다. 그래서 추상적인 이념이 아닌 오히려 일상의 생활에서 윤리로서 보편화普遍化하고 상재화常在化하는 것을 의미하였다.

우치무라는 인생의 대부분 문제를 무사도로서 해결했다. 정직正直·고결高潔·관대寬大·신의信義로 신神을 번거롭게 할 필요가 없다. 전해져온 무사도인 이것으로 해결하면 도리에 어긋나지 않는다고 한 것이다.

6) 무사도에 따라 해결하자

우치무라 칸조內村鑑三는 매우 구체적인 예例로 이야기한다. 교회 관계로 고민하는 사람이 그에게 장문의 편지를 보내 자기의 처신을 어떻게 해야 할 지를 묻자, 우치무라는 엽서에 한 마디로 답하였다. "일본의 무사도에 의해서 결정하자"는 답신이었다. 편지를 보낸 사람은 "부끄럽기 짝이 없다고 하며, 즉시 그대로 따랐다"고 했다.

사실은 그리스도교 교리에 따라서 해결해야 했다. 그러나 그리스도교보다도 무사도로 해결했다. 그리스도교는 이 때 세계적이며, 인류적·보편적으로 바꿀 수 있기 때문에 무사도가 세계의 도道・인류의 도道로서 역할을 완수할 수 있음을 이 예화는 증명하고 있다.

우치무라가 "참다운 일본인이 될 수 있다면, 기독교인임을 포기하고, 우상숭배자라 불려도 상관이 없다"는 표현을 할 때 이념형적理念型的으로는 무사도의 인간형을 상징한다. 이 말은 그의 『대표적 일본인』속의 특히 '우에스기 요잔上杉鷹山'*과 '니노미야 타카노리(二宮尊德・1787~1856, 에도시대 말기의 농정학자로 농촌재건에 성공해서 1엔짜리 화폐貨幣에도 보인다)'에 대해 이야기한 것이다.

이 사람들은 무사가 아님에도 불구하고 무사적인 덕성으로 이념화한 것이다.

*역자주 : 우에스기 요잔(上杉鷹山・1751~1822)은 에도시대 요네자와 번의 9대 번주로 17세 때 우에스기 가문의 서양자로 들어가 무너진 번을 위해 특산물 장려 등의 개혁으로 번 재정을 튼튼히 하였다. 35세 때 나이 어린 처남에게 번주를 물려주고 후견인으로 번을 이끌어 가다가, 52세에 출가하여 요잔이라는 법명으로 살다가 72세에 죽었다. 그는 번주에서 물러나면서 우에스키 하루노리에게 전한 『전국의 사・傳國の辭』의 교훈적 글을 남겼다. 그를 소개한 책 『우에스기 요잔』을 주인공으로 한 책 『Japan and The Japanese』을 읽은 미국의 35대 대통령 '존 F 케네디'가 기자의 물음에 일본 정치가로 가장 존경한다고 답했다는 내용으로 널리 알려졌다.

우에스기 요잔은 무사적인 것을 보편적으로 향상시킨 일본인이며, 타카노리는 일반 일본인의 덕성을 무사도와 공통된 점까지 심화시킨 일본인으로서 모두 대표적인 일본인이다.

우치무라가 일본적이라고 표현하는 것은 뛰어난 특수 무사도적인 보편성을 말한다. 그러므로 이른바 무사도가 아니었다. 무사도에서 무사도적인 것을 정화(淨化·불순하거나 더러운 것을 깨끗하게 함)하고 일본적 보편으로 향상시킨 이념이다.

7) 니토베新渡戶의 무사도

니토베 이나조(新渡戶稻造·1862~1933)의 『武士道·BUSHIDO』는 '일본의 정신(The Soul of Japan)'으로 부제를 달았듯이 '무사도를 일본의 마음'이라고 보고 성장과정과 특징, 특히 도덕적인 특성을 밝힌 '세계의 일본서世界的 日本書'이다.

일반적으로 이 책은 무사도를 외국에 소개하는 외국용 무사도 해설서이다. 이해 방법은 본서의 인식에 오해까지는 아니더라도 중대한 오류를 고정화固定化하였다. 그것은 무엇인가?

이 책은 외국에 무사도를 소개하는 책이기 이전에 먼저 국내의 무사도를 정리한 책이었다. 국내의 무사도를 정리하고 요약한 '정본무사도定本武士道'였기 때문에 외국에 '일본의 정신'을 소개하는 일본의 책이 될 수 있었다.

물론 이 책의 성가(聲價·명성의 평가)는 단순히 무사도의 내용만을 소개한 것이 아니다. 멋진 영어표현력은 영국의 철학자·평론가 토마스 칼라일(Thomas Carlyle·1795~1881)을 생각하게 하는 웅경(雄勁·씩씩하고 힘참)한 필치筆致의 문장표현이 무사도 내용을 격조 높게 전달하는데 힘이 되었음은 말할 필요도 없다. 근본은 무사도 자체의 이해와 정리에 발군의 뛰어남이 무사도 역사의 마음을 생생하게 펼쳐 놓았다.

이 책은 지금까지 무사도의 이름으로 정리된 책 중에서 교과서적인 모범성을 가진다. 대표적인 무사도 교본임에도 불구하고 평범한 개설槪說과 교설敎說에 머무르지 않고,

읽고 생각할 수 있는 무사도 독본임에 이 책이 가진 고전성古典性과 국민성國民性이 있다. 고전성과 국민성에 근대성近代性과 세계성世界性을 갖춘 '세계의 일본 책'으로 명성을 얻은 것이 이 영문판 무사도이다.

이 책은 무사도를 하나의 정설로 만든 책이다. 일본의 정설이 그대로 세계의 정설이 되고, 일본 무사도가 세계의 무사도가 되었다.

영문판 무사도는 영문의 책자 속에 있어 보편성普遍性을 가지지만, 그 전에 이미 영문으로 작성하기 위한 보편성을 가졌다. 저자는 일본 무사도를 최대한 인류 공통의 장場에서 이해할 수 있도록 하기 위해 정리하여 세계의 고전과 교양 속에서 문제시하는 비교정신사학比較精神史學의 방법을 취하고 있다.

이 책은 진기珍奇한 동양東洋을 알기 위한 호기심의 대상이 아니라, 감춰진 또 하나의 역사정신歷史精神을 회복하는 인간서人間書가 될 수 있었다.

8) 거리를 두고 보는 무사도

우치무라內村와 니토베新渡戶는 근대 일본인의 교양(敎養·품위)을 세계에 알린 대표적인 인물이다. 여기에 뛰어난 보편 일본론普遍日本論을 들을聞 수 있어 깊은 감명을 받았으며, 무사도에는 역사적 현실의 즉물성(卽物性·사실성)이 희박해졌음을 감추기 어려운 사실도 있다. 이 사람들의 견해는 고등한 무사도철학의 강설감(講說感·글의 뜻을 강론하여 설명한 느낌)이 있음도 부정할 수 없다.

이 사람들은 무사도 시대에 직접적 관련이 없는 메이지 시대 사람이다. 거리를 두고 무사도를 보아야 함에도 너무 가깝다. 아니 오히려 그 속에서 존재하는 사람들이라고 해야 한다.

거리를 두고 최대한 이념 무사도의 철학론이 아닌, 현실 무사도의 예도론藝道論이 되는 무사도설說은 없는 것일까?

무도는 무武라는 예藝를 단순한 기술技術과 기예技藝가 아닌 하나의 도道라는 자각으로 향상시킨 것이다. 구극(究極:

궁극)이 도道라는 것은 옳은 말이나, 무武라는 예藝와 기술技術에서 혼자 걷는 도설道說은 무도철학이 아니다.

이러한 점에서 무사도 철학이 곧 바로 무도철학武道哲學으로 들어가지 않고, 무예수련에서 무도철학으로 이어진 무도설이 우치무라의 무사도와 니토베의 무사도의 다음에 놓여져야 한다고 느낀다.

야마오카 텟슈의 무토류無刀流·무상검無想劍은 메이지明治 시대에 들어서 무예에서 무도의 극치에 이른 인간기록人間記錄도 있다.

야마오카는 카츠 카이슈와 함께 토쿠가와 무사도에 의해, 에도 바쿠후江戶幕府 말기에서 메이지明治 신정부와 가교 역할을 한 완전한 무사도 내에 존재하는 사람이다. 때문에 이러한 사람의 실천에서는 근대를 살아가는 사람들은 무도철학을 들을(聞) 수 없었다.

9) 궁도범사 아와 겐조 阿波研造

본 항에서는 궁도범사弓道範士인 아와 겐조阿波研造와 독일

3. 무사의 마음과 일본의 마음   181

인 오이겐 헤리겔Eugen Herrigel의 만남에서 나타나는 궁술弓術의 궁도弓道에 대한 깊이, 무도의 세계에 보편의 개안開眼으로 근대에 시도되고 있는 무도의 전형적인 정신과, 그러한 형태의 고찰이다.

아와 겐조와 오이겐 헤리겔, 누구도 이 무사도자(武士道者·무사도 연구자)는 매우 빠르게 매우 깊은 학적學的인 관련이 있어야 했다. 그럼에도 두 사람에게 주의를 기울이게 된 것은 겨우 무사도 연구 시리즈를 시작한 지 얼마 되지 않아서이다. 때문에 무사도론은 야마오카 텟슈(山岡鐵舟·1836~1888), 노기 마레스케(乃木希典·1849~1912)*, 우치무라 칸조(內村鑑三, 1861~1930), 니토베 이나조(新渡戶稻造, 1862~1933)의 '봉건과 근대의 사이'에 머무르고, 메이지에서 근대 고유 무사도의 전망을 깎아내린 결과가 되었다.

*역자주 : 일본 메이지 시대의 군인으로서 처음에는 조슈번 사무라이 다카스기 신사쿠(高杉晉作·1839~1867)가 조직한 기병대에 가담하여 바쿠후군과 싸웠다. 청일전쟁 때 여단장으로 출전했으며, 이어 육군 중장으로 대만총독을 역임했다. 러일전쟁 때 제3군 사령관으로 뤼순(旅順)항을 공략해서 고전 끝에 발트함대를 함락시키고 승리했다.

지금 아와 겐조와 오이겐 헤리겔 두 사람의 등장으로 잃어버린 근대무사도의 전망을 열어갈 수 있었다. 깊은 반성과 함께 내용을 기록한다.

아와 겐조는 미야기현 모노우군宮城縣 桃生郡의 사람이며, 메이지 13년(1880)에 출생하였다. 이시마키石卷에서 궁도수련에 노력하고, 센다이仙台에서 대성하여 대일본궁도회 팔단 범사八段範士가 된다. 제자는 2만여명이 넘고, 명성은 사해에 넘친다.

메이지明治 43(1910)년부터 구제 제2고등학교 사범師範이 되어 궁도부 학생을 지도, 궁술을 궁도로 심화하는 구도求道로 육성하였다. 그는 다이쇼大正 4(1915)년, 제2고등 궁술부의 이름을 궁도부로 개명한다.

궁도부 신문은 개명에 대해 수련을 사도(士道·무사도)로 일보 전진시켰기 때문에 아와 궁도阿波弓道는 젊은 학생들에게 궁술의 기술지도에서 궁도의 마음 단련으로 심화하였음을 알 수 있다. 화살을 쏘는 것은 기술도 아니고 적중도 아니다. 적중은 우리 마음을 꿰뚫고 불타(佛陀·부처)에 이르는 것이다. — 그의 사도射道는 이리하여 대사교大射敎로 바뀌었다.

아와 겐조의 일상은 오도(悟道·도를 깨닫게 함)를 위한 궁도였다. 백발백중은 아니었다. 백발성사(百發聖射·백번을 쏠 때마다 거룩하게 쏘는 마음가짐)였다. 일사절명(一射絶命·궁도에 있어서의 올바른 마음, 본연자세를 말하며, 하나의 화살을 쏘는 것이 일생에 단 한번 뿐이라는 생각으로 사활을 건다는 의미)이다.

대부분 종교에 가까운 심술心術의 단련을 설하고 실천하면서 궁성弓聖까지 이르렀으며, 쇼와昭和 14년(1939년)에 세상을 떠났다.

쇼와昭和 13년 아와 겐조 범사範士가 궁도사범으로서 교조敎祖와 같은 영향력을 미친 제2고등학교에 입학하였다면 일부 학생들은 적어도 1년 정도(아와의 죽음은 1939년 3월)는 아와의 가르침 하에 있었다. 선배 몇 사람이 이 위대한 스승에 대해 말하는 것을 여러 번 들었다.

아와 겐조 범사에 대해 전혀 알지 못하였으며, 선배들은 고교생 특유의 과대한 영웅숭배의 기분으로 강렬한 개성에 도취되어 있었기 때문에 건성으로 듣고 전혀 흥미를 느끼지 못하였다. 거의 40년 동안 이 방면을 뒤처지게 만들었다는 것을 지금도 부끄럽게 여긴다고 회상하였다.

10) 오이겐 헤리겔

　오이겐 헤리겔(Eugen Herrigel · 1884~1955)은 서남 독일학파의 철학자이다. 그의 나이 40세인 다이쇼大正 13(1924)년에 도호쿠대학東北大學 강사로 초빙되어 철학 및 고전어를 강의하였다. 그리고 도호쿠대학東北大學에서 문학박사 학위를 받았다. 5년을 재직한 후 쇼와昭和 4(1929)년 귀국하여, 에르랑겐Erlangen대학교 철학교수가 되었다.

　서양철학자로서도 유명하다. 그의 이름을 동서東西에 널리 알린 것은 도호쿠대학東北大學 재직 중의 일이다. 센다이仙台 체류 중에 아와 겐조阿波研造 사범에게 궁술을 배우고, 마침내 아와 겐조가 의도하였던 대로 궁도弓道에까지 심화하고 면허免許를 취득한 데에 있다.

　그는 귀국 후에도 궁도의 연마를 게을리 하지 않았으며, 궁도체험에 대한 사색을 정리하여 1936년 베를린의 일독협회日獨協會에서 강연하였다. 같은 해, 5년간 재직했던 도호쿠대학東北大學의 학술잡지 '문화' 3-9호에 시바타 치사부로柴田治三郎 번역, 『궁술에 대하여』의 제목으로 일본에도 소개되었으며, 그후 쇼와昭和 16년(1941)에 단행본으로 간행, 큰 반향反響을 불러 일으켰다.

쇼와昭和 54년(1979) 아와 겐조 탄생 백년을 기념하여 제자들이 헌정하는 전기傳記출판을 계획하고, 동 56년 『아와 겐조阿波研造 — 큰 궁도의 가르침』의 제목으로 간행하였다. 여기에 인용된 부분에서 전쟁 전, 이미 아와 겐조와 헤리겔의 만남이 동서東西의 도道의 만남, 일본의 도道가 유럽 철학과 인연을 맺게 된 구체적인 예例로서 각 방면에서 화제가 되었다.

헤리겔이 센다이를 떠난 지 12년 후, 그의 강연속기講演速記가 단행본으로 출판된 쇼와 16년(1941)에, 그가 재직한 대학의 같은 학부에 입학하여 일본사를 배웠기 때문에 주목해야 하는 일본연구는 당연히 알고 있었다. 당시의 관심은 다른 곳에 있었기 때문에 결국 이 사람을 인식하지 못하였다. 이리하여 연고지, 관련 학원에서 배우고, 이와 같은 기질을 함께 했음에도 '동東은 동東, 서西는 서西'였다. 지금 새삼 이 사실을 언급하는 것은 속죄의 마음이 있기 때문이다.

11) 일본의 궁술 일본의 궁도

헤리겔의 강연은 처음 『궁술에 대하여』를 후에 『일본의 궁술·日本の弓術』로 바꾸었다. 책의 원제목은 『Die Ritterliche Kunst des Bogenschiessens』이다. 역자인 시바타 치사부로紫田治三郎는 원명은 '기사적인 궁술'의 의미로 기사적騎士的인 일본무사의 정신을 표현했을지는 모르지만, 여기서는 '일본의 궁술·日本の弓術'로 표시하고, 술(術·Kunst)이 있기 때문에 궁술로 번역하고 궁도로 번역하지 않는다고 서문에 적었다.

여기서는 본질 이해와 관련된다고 생각하며, 감히 이 뛰어난 독일어 학자의 번역에 약간 다름을 제안하지 않을 수 없다. 'die Kunst des Bogenschiessens'가 궁술弓術이라는 점은 분명 'Kunst·기술'에 'Ritterlich·기사다운'의 형용사를 붙이면 그 술術이 기사적=기사도적, 즉 무사적=무사도적인 술術로서 단순한 기술·기예가 아니라는 것을 특히 강조하고 있기 때문에, 일본류로 표현하면 무도로서의 궁술 즉 궁도弓道이다. 바로 '일본의 궁도'이다.

궁술이라는 무武의 술術 내지 예藝를 문제시하면서 실은 술術=예藝로서의 무武가 그대로 도道로서의 무武 자체임을 근대 유럽의 지성知性이 체험을 통하여 인정한 것이다. 무사도를 벗어난 무도가 무술을 통하여 무도라는 이유를 이야기하는 이론으로선 가장 뛰어난 체험증명이라 할 수 있다.

저자도 대부분 보정(補正·용어를 변경하여 해석하거나, 불충분한 점이나 잘못된 점을 보충하거나 고치는 것)이 필요하다고 생각할 정도의 단편短篇이다.

미국의 여성 문화인류학자인 루스 베네딕트(Ruth F. Benedict·1887~1948)의 저서로 1946년에 출간된『국화와 칼(菊花と刀·The Chrysanthemun and the Sword)』등을 시작으로 일본의 마음을 언급한 외국인의 일본책日本書은 많아졌다. 대부분 감상문에 불과하며 밖에서 본 인상이지만 이 책『궁술에 대하여』는 일본 내에서의 체험서이다.

오이겐 헤리겔의 일본 체재滯在는 결코 길지 않았다. 아와阿波 범사와의 만남은 이 기간 동안에 일어난 일이다. 말로 할 수 없는 것을 지향하는 동양東洋의 도道를 말로 할 수 있는 것의 도道라고 하는 서양의 논리로 파악하려는, 이 만남이 한 동안은 완전히 어긋났었다는 것은 말할 필요도 없다.

겨우 논리와 비논리의 관계가 논리論理와 초논리超論理, 다시 논리와 논리의 관계까지 깊어지려는 시기에 헤리겔은 일본을 떠난다. 때문에 체험은 결코 일본에 대해 충분하게 심화되었다고는 할 수 없다.

그럼에도 불구하고 그의 일본체험은 다른 어떤 외국인의 일본 지식과는 질적으로 달랐다. 일본에 대한 이해가 체험에 지식을 덧붙이는 형태로, 다른 사람들과 같이 지식에 체험을 덧붙이는 것이 아니기 때문이다. 귀국 후에도 체험을 더욱더 심화하고 이론화함으로써 몸을 통한 이해가 마침내 동양의 비합리·반논리를 서양적으로 하나의 합리논리의 세계로 심화시킨 것이다.

12) 코마치 야소조小町谷操三 교수의 증언

'일사절명—射絶命과 백발성사百發聖射'의 활은 표적을 쏘는 것은 아니다. 우리 혼을 쏘아 꿰뚫는 것이다. 표적에 맞추고자 해서는 안 된다. '일사절명, 백발성사'의 이러한 가르침을 아와阿波범사는 표적 앞에서 반복하였다.

아와阿波 범사의 가르침의 화살은 어둠 속 표적 앞에 피우는 향을 목표로 하여 두 번째 활은 첫 번째 활의 활고자(활 양끝의 시위를 거는 부분)에 겹쳐 맞춘다고 하는 정확무비(正確無比・정확해서 비길 데가 없음)한 것의 신기神技가 되었다.

오이겐 헤리겔은 제자로서 거의 '불가해不可解한 것(unverständlich)' 내지 거의 '믿을 수 없는(unglaublich)' 것이었다. 그럼에도 불구하고 푸른 눈의 제자는 '무의식(unabsichtlich)'의 화살이 '의식적(absichtlich)'의 화살에 더해진 결과로서 '백발백중百發百中' 즉 '백발성사'에 이른다는 이유를 깨닫게 된다. 아와 겐조阿波研造는 그에게 '극도(am grössten)'의 찬사를 보냈다.

제2고등학교의 아와 겐조阿波研造 범사範士의 제자로 해상법(海商法・maritime law)의 국제적 권위자였던 코마치 야소조小町谷操三 교수는 통역을 겸하여 '동양과 서양의 만남'의 장場에 입회, 완전한 동東은 동東, 서西는 서西의 두 사람이 마침내 하나가 되었음을 확인하고, 시바타 치사부로柴田治三郎

의 번역에 장문長文의 발문을 더하여 이국개안(異國開眼·외국 기예의 진수를 깨달음)의 모습을 전하고 있다.

이 외국인은 일본의 구도 내용을 충실히 배우고 '술즉 심, 예즉도(術卽心, 藝卽道·술은 마음이고, 예는 도이다)'에 눈을 뜨게 되었다고 말하였다.

13) 이국개안異國開眼

사람들은 궁술弓術을 하나의 스포츠로 생각한다. 일본에 서는 그 누구도 그렇게 생각하지 않는다. 궁술을 철두철 미한 무도정신武道精神이라고 한다.

적중한 활의 화살 수數로 헤아리는 능력이 아니라, 순수 하게 정신적인 단련 즉 멘탈 트레이닝mental training에 유래 하며, 정신적인 적중에 목적을 둔 능력이다.

사수射手는 자기 자신을 표적으로 하고, 자기 자신을 쏘 아 맞히는 것이 목적이다. 이것은 어디에서 오는 철학인 가?

실은 활이 정신수양이다. 활에는 처음부터 마음이 결합 되어 있었다. 활이 피비린내 나는 대결에 그 필요가 없어진 후 한층 명백해진 것에 불과하며, 즉 활의 특유한 마음이다.

피비린내 나는 곳에 사용하지 않게 되어 비로소 완전한 청정淸淨 속에서 배양되고, 부수付隨의 목적에 시달리지 않고 활의 정신수양을 충분히 깊고 두드러지게 할 수 있게 되었다.

오늘에도 활은 여전히 생사를 표적으로 한다. 자기 자신을 표적으로 한 대결이다. 그러므로 활弓 본래의 정신은 한층 명확해졌다.

모든 외부를 향한 대결은 자기와의 내면대결을 근거로 한다. 이러한 활은 자기자신을 쏘아 맞히는 등의 이유를 알 수 없는, 수수께끼(謎·riddle)는 바닥을 알 수 없는 깊이가 근저根柢에 있다. 일본에서는 '부동의 중심'이라고 말한다. 그 때 술術은 술術이 아니다. 활을 쏘는 것은 활과 화살 없이 쏘는 것이다. 이 역설의 근저에는 불교佛敎 특히 선禪이 있다. 이것은 깊은 생각의 실천을 가능하게 한다.

이 생각에 입각하여 궁술弓術을 빌려서 다음과 같이 정의할 수 있다.

"궁술은 활과 화살을 가지고 외적으로 무엇인가를 행하

는 것이 아니라, 자기자신을 상대로 하여 내적으로 무엇인가를 완수하려는 의미를 가진다."

"활과 화살은 반드시 필요한 것은 아니라는 가설에 불과하다. 목적에 이르는 도道로서 목적 자체가 아니다. 목적은 간단히 말하면 신비적神秘的 합일合一, 신성神聖과의 일치一致, 부처의 발현發現이다."

약간 장황張皇한 감이 있으나 그만큼 정중하게 예도藝道의 마음(정신)을 해설하고 있다. 시초에는 예藝이며 술術이다. 결국 예藝로서의 도道·술術로서의 마음心에 이르러 극도極道에 이른다. 정확하고, 참된 적중의 마음이다.

궁도는 적중을 목표로 하는 궁술에서 시작한다. 그저 궁술에 머무르는 한 궁도에 이르지 못한다. 밖(外)을 맞추는 것에서 안(內)을 맞추는 것으로 중심과 마음(정신)의 집중이 심화되면 비로소 활도 화살도 필요 없는 쏘기, 예藝를 필요로 하지 않는 예藝, 술術이 아니며 저절로 술術로 되어가고 도道로 나아가는 무도武道를 자각한다.

3. 무사의 마음과 일본의 마음   *193*

무도는 이렇게 해서 완성된다. 무武는 무武가 아니며武非武, 무武로서 그저 무일뿐故曰武本武耳, 최고의 경지가 된다. 즉, 술즉도術卽道, 도즉술道卽術(술인즉 도이고, 도인즉 술이다)이다.

※제2부의 자료는 타카하시 토미오高橋富雄가 재단법인 일본 부도칸武道館에서 발행한 월간『부도武道』잡지에 쇼와昭和 58년(1984) 1월 1회부터 48회에 걸쳐서 연재한『무사의 마음, 일본의 마음』의 '46회, 47회 및 최종회(48회)' 3회분을 발취하여 편역하였다.

[참고문헌 · 인용문헌]

1. 劍と禪(人間禪叢書 第8編 改訂版), 小川忠太郎(著), 一般社団法人 耕雲塾, 2014.
2. 百回稽古, 小川忠太郎(著), 体育とスポーツ出版社, 2011.
3. 劍道講話 ―小川忠太郎範士―, 小川忠太郎(著), 体育とスポーツ出版社, 2014.
4. 現代に生きる糧刀耕淸話 ―小川忠太郎の遺した魂(こころ)―, 杉山融(著), 体育とスポーツ出版社, 2010.
5. 澤庵 不動智神妙錄, 澤庵宗彭(著), 池田 諭(譯), 德間書店, 2007.*≪본 편역자가 2013년 도서출판 학사원에서 번역 출판함≫
6. 不動智神妙錄(現代人の古典シリーズ), 澤庵宗彭(著), 池田諭(翻譯), 德間書店, 1990.
7. 澤庵 不動智神妙錄(タチバナ敎養文庫), 澤庵宗彭(著), 池田諭(翻譯), たちばな出版, 2011.
8. The Unfettered Mind: Writings from a Zen Master to a Master Swordsman, Takuan Soho(著), William Scott Wilson(翻譯), Shambhala; Reprint版(英語), 2012.
9. The Unfettered Mind (不動智神妙錄 英文版) ハードカバー (Special Edition), 澤庵宗彭(著), ウィリアムスコット・ウィルソン(翻譯), 講談社 インターナショナル ; 新裝版, 2003.

10. 劍と心 : 童話 不動智神妙錄, 澤庵宗彭(著), ぼけでくのぼう(翻譯), でくのぼうの寺子屋; 1版, 2014.

11. 澤庵 不動智神妙錄・太阿記・玲瓏集 禪入門〈8〉, 市川白弦(著), 講談社, 1994.

12. 不動智神妙錄「解」武術と禪 —Kindle版—, 秋榴ゆう・澤庵宗彭(著), 武術暗器硏究會, 2017

13. 不動智神妙祿 : 劍術心法の禪 武術の秘伝書コレクション (武術暗器硏究會), 澤庵宗彭(著), 秋榴ゆう, 2016.

14. 澤庵禪師 逸話選, 禪文化硏究所(編集), 禪文化硏究所, 1998.

15. 劍禪一如 —澤庵和尙の敎え—, 結城 令聞(著), 大東出版社; 新版, 2003.

16. 澤庵—德川家光に慕われた名僧—(中公新書), 船岡 誠(著), 中央公論社, 1988.

17. 澤菴和尙書簡集(岩波文庫338-1), 澤庵(著), 辻善之助(編集), 岩波書店, 1942.

18. 澤庵和尙 心にしみる88話, 牛込 覺心(著), 國書刊行會, 2003.

19. 澤庵(中公文庫), 水上 勉 (著), 中央公論社, 1997.

20. 禪と武道, 柳田 聖山(監修), 鎌田 茂雄(編集), 古田 紹欽, ぺりかん社, 1997.
21. 武道秘伝書(現代人の古典シリーズ 5), 德間書店, 吉田豊(編さん), 1968.
22. 兵法家伝書 ―付・新陰流兵法目錄事―, 柳生宗矩(著), 渡辺一郎(譯), 岩波書店, 2003.
23. [新譯]兵法家伝書 強いリーダーの條件とは何か, 柳生宗矩(著), 渡辺誠(翻譯), PHP研究所, 2012.
24. 五輪書, 宮本武藏(著), 渡辺一郎(編さん), 岩波書店, 1985.
25. 決定版 五輪書現代語譯, 宮本武藏(著), 大倉隆二(翻譯), 草思社, 2012.
26. 五輪書(いつか讀んでみたかった日本の名著シリーズ), 宮本武藏(著), 現代語譯・城島明彦(翻譯), 致知出版社, 2012.
27. 劍道いろは論語 井上正孝(著) 体育とスポーツ出版社, 1998.
28. 劍道と人間敎育, 井上正孝(著), 玉川大學出版部, 1994.
29. 劍と禪(禪ライブラリー), 大森曹玄(著), 春秋社(新版), 2008.
30. 極意とは何か ―秘伝「猫の妙術」―武の奥義書から學ぶ「心体」の極意, 島田明德(著), BABジャパン出版局, 2001.
31. 極意とは何か 秘伝「猫の妙術」―武の奥義書から學ぶ人生の極意―, 島田明德(著), BABジャパン出版局, 1997.

32. 猫の妙術：附記　木鷄・庖丁　武術の秘伝書コレクション　武術暗器硏究會, 秋榴ゆう・佚齋樗山(著), 2016.

33. 『猫之妙術』を讀む ―武道伝書の活用に着目して―, 金炫勇・金釺瞰, 廣島文化學園短期大學紀要　第49号　(p.35~p.48), 2016.*≪본 편역자가 공동저자로 발표한 논문임≫

34. 武道をたずねて―武道敎育への活用―, 出口達也 他(著), 大學敎育出版, 2018.*≪본 편역자가 공동집필자로 제7장을 저술함≫

35. 体育・スポーツ哲學論・武道論 ― 阿部忍記念論集 ―, 阿部忍(著), 阿部忍退職記念事業委員會(編集), 不昧堂出版, 1990.

36. 武道を知る, 田中　守・東　憲一・藤堂　良明・村田　直樹(著), 不昧堂出版, 2000.

37. 武道について－哲學的考察－, 田代秀德, 東海大學體育學部紀要　第1號, 1971.

38. 日本の弓術, オイゲン ヘリゲル(著), Eugen Herrigel(原著), 柴田 治三郞(翻譯), 岩波書店, 1982.

39. Zen in the Art of Archery(英語) ペーパーバック, Eugen Herrigel(著), Daisetz T. Suzuki(序論), Vintage, 1999.

40. 新譯　弓と禪　－付「武士道的な弓道」講演錄 ビギナーズ 日本の思想－, オイゲンヘリゲル(著), 魚住孝至(その 他),

角川學芸出版, 2015.

41. 風姿花伝－いつか讀んでみたかった日本の名著シリーズ－, 世阿弥(著), 夏川賀央(現代語譯), 致知出版社, 2014.

42. 現代語譯 風姿花伝, 世阿弥(著), 水野 聰(翻譯) PHPエディターズグループ, 2005.

43. 劍の精神誌—無住心劍術の系譜と思想—(ちくま學芸文庫), 甲野 善紀(著), 筑摩書房; 增補改訂版, 2009.

44. [新譯]鐵舟隨感錄「劍禪一如」の精髓を極める, 山岡 鐵舟(著), 渡辺 誠(編集, 翻譯), 勝 海舟(その他), PHP研究所, 2012.

45. 劍禪話(現代人の古典シリーズ 9) 單行本, 山岡 鐵舟(著), 高野 澄(翻譯), 德間書店, 1971.

46. 武士道 ― 文武兩道の思想 (角川選書) ―, 山岡 鐵舟(著), 勝 海舟・勝部 眞長(編集), 角川書店, 1971.

47. 白隱禪師 ―夜船閑話―, 伊豆山 格堂(著), 春秋社・新裝版, 2002.

48. 遠羅天釜<禪の古典 (11)> 新書, 鎌田 茂雄(著), 講談社, 1982.

49. 坐禪和讚講話(單行本), 山田 無文(著), 春秋社, 1983.

50. 白隱の丹田呼吸法 ―『夜船閑話』の健康法に學ぶ ―, 村木弘昌(著), 春秋社, 2003.

51. 劍道極意(武道名著復刻シリーズ), 堀田 捨次郎(著), 体育とスポーツ出版社(オンデマンド版), 2005.
52. 昭和天覽試合 記念アルバム ハードカバー, 山中秀夫(著), 日本出版放送企畫株式會社, 1986
53. 臨濟錄(岩波文庫), 入矢 義高(著), 岩波書店, 1989.
54. 氷川淸話(講談社學術文庫), 勝 海舟(著), 江藤 淳(編集)・松浦 玲(編集), 講談社, 2000.
55. 『正法眼藏』 2016年 11月―(100分の名著)ムック―, NHK出版, 2016.
56. 門(岩波文庫) ―改版―, 夏目漱石(著), 岩波書店, 1990.
57. 山中鹿之助(小學館文庫), 松本 清張(著), 小學館, 2016
58. 對譯 禪と日本文化 ― Zen and Japanese Culture ―, 鈴木大拙(著), 北川 桃雄(翻譯), 講談社インターナショナル, 2005.
59. 道の思想(叢書 身体の思想 1), 寺田 透(著), 創文社, 1978.
60. 武道の名著, 渡辺一郎 編, 東京コピイ出版部, 1979.
61. 千葉周作遺稿(武道名著復刻シリーズ<14>), 千葉周作(著), 体育とスポーツ出版社: OD版, 2005.
62. 千葉周作遺稿, 千葉 榮一郎(編集) 慧文社, 2007.
63. Zen Mind, Beginner's Mind: Informal Talks on Zen Meditation and Practice(英語) ペーパーバック - ラフ

カット, Shunryu Suzuki(著), Shambhala, 2011.

64. 道を極める―日本人の心の歴史―（放送大學大學院敎材）, 魚住 孝至(著), 放送大學敎育振興會, 2016.

65. 維摩経講話（講談社學術文庫）, 鎌田 茂雄(著), 講談社, 1990.

66. 伊藤一刀齋 上・下(德間文庫), 好村 兼一 (著), 德間書店, 2015.

67. 小島 英記(著), 伊藤一刀齋 天下一の劍（日経文芸文庫）, 日本経濟新聞出版社, 2015.

68. 藤堂良明,『武道を知る』不昧堂出版, 2000.

69. 日本武道協議會,『武道憲章』1987.

70. 武田祐吉,『日本書紀二』朝日新聞社, 1969.

71. 中林信二,『武道のすすめ』日本武道館, 1987.

72. 杉山重利 編, 武道論十五講, 不昧堂出版, 2002.

73. 下村 效編,『武士』, 東京堂出版, 1993.

74. 仁木謙一 他, 日本史小百科武道, 東京堂出版, 1994.

75. 綿谷 雪,『日本武藝小傳』, 人物往來社, 1961.

76. 奈良本辰也,『武士道の系譜』, 中央公論社, 1975.

77. 新渡戸稻造著・名和一男譯,『武士道』, 日本ソノ書房

78. 新村 出,『廣辭苑』第五版, 岩波書店, 1998.

79. 神子 侃, 和辻哲郎・古川哲史校訂『葉隱』岩波書店

(文庫本), 1980.

80. 井本農一,『芭蕉入門』講談社 (學術文庫), 1998.
81. 和辻哲郎・古川哲史校訂,『葉隱』, 岩波書店, 1980.
82. 井本農一,『芭蕉入門』講談社 (學術文庫), 1998.
83. 世阿弥,『花鏡「世阿弥藝術論集」』, 新潮社, 1976.

편역자 소개

▷ 현재 대구보건대학교 스포츠재활학과 교수(사회복지학 박사)

▷ 주요 체육단체 임원 및 경기지도자 경력
- 스포츠지도사 국가자격증 보디빌딩 종목 실기 및 구술 자격검정 시험위원 (2017년 · 2018년 · 2019년)
- 한국운동재활협회 이사 (현)
- 대구광역시 우슈협회 부회장 (현)
- 대구광역시 태극권 연맹 부회장 (현)
- 대구광역시 합기도 고단자회 회장 (현)
- 한국 장애인 수영연맹 부회장 (전)
- 대구광역시 장애인 수영연맹 상임부회장 (전)
- 대구광역시 체육회 인사위원 (전)
- 대구광역시 장애인 체육회 자문위원 (전)
- 대구광역시 보디빌딩협회 이사 및 감사(전)
- 대구광역시 스쿼시 연맹 이사 (전)
- 경상남도 근대 5종 바이애슬론 연맹 이사 (전)
- 인천광역시 근대 5종 바이애슬론 연맹 이사 (전)
- 제88회(2007), 제89회(2008), 제90회(2009), 제92회(2011) 전국체육대회 대구광역시 선수단 스쿼시 종목 감독
- 제93회(2012) / 제94회(2013) 전국체육대회 대구광역시 우슈 일반부 감독

▷ 2012년 대구보건대학교 최우수 강의상(Best Teacher Award)

▷ 국제 학술지 발표 논문

■ Scopus journal 국제 학술지 발표 논문
The effect of Tai Chi exercise on the cognitive and physical function in older Adults, International Journal of content Technology and its Applications, Volume 7, Number 12, Aug 31, 2013. p.239~ p.255.(ISSN : 1975-9339(Print), 2233-9310(Online)

    태극권 운동이 노인의 인지기능과 신체기능에 미치는 영향

■ Scopus journal 국제 학술지 발표 논문
The effects of aquarobics on blood pressure, heart rate, and lipid profile in older women with hypertension, Indian Journal of Science and Technology, Vol 9(46), December 31, 2016.
ISSN(Print):0974-6846 ISSN /(Online):0974-5645
아쿠아로빅 운동이 고혈압 여성노인의 혈압, 심박수 및 혈중지질에 미치는 영향

▷ 일본대학 논문집 발표 논문
『猫之妙術』を読むー武道伝書の活用に着目してー, 広島文化学園短期大学紀要 第49号 (p.35~p.48), 共著, 2016.

    『고양이의 묘술』을 읽다 - 무도전서의 활용에 착목해서 -

▷ 한국연구재단 등재 학술지 주요 발표 논문
- 운동행동 변화단계에 따른 노인의 운동 자기효능감과 지각된 건강상태 수준 변화, 한국디지털정책학회지 (디지털 융복합 연구), 2015, 제13권(11호) p.549~p.559. 외 다수

편역자 소개

▷ 저서

- 武道をたずねて －武道敎育への活用－ (日本大学教育出版, 2018) 共著
- 스포츠센터 경영 총론 (도서출판 학사원, 2018)
- 스포츠 트레이닝 (라이프 사이언스, 2013) 공저
- 종합체육시설업 경영론 (도서출판 학사원, 2006)
- 체육원리의 이해 (도서출판 학사원, 2006)
- 스포츠센터 시설기획과 경영론 (도서출판 학사원, 2004)
- 스포츠마케팅 이론과 실제 (도서출판 학사원, 2004)
- 레저·스포츠·건강증진시설 경영론 (도서출판 학사원, 2003)
- 스포츠센터 경영과 마케팅론 (도서출판 학사원, 2000)

▷ 번역서

- 검劍, 선禪을 만나 검도劍道가 되다, 도서출판 학사원, 2018.
- 태극권 경전 강해, 도서출판 학사원, 2016.
- 타쿠앙 선사의 부동지신묘록(不動智神妙錄), 도서출판 학사원, 2013.
- 武道學 講論, 도서출판 학사원, 2010.
- 武道思想 探究, 도서출판 학사원, 2009.
- 바이오메카닉스 : 신체운동의 과학적 기초, 공역, (주)이퍼블릭 코리아, 2008.

사무라이의 마음, 일본의 마음
- 무도철학과 무사도 -

2019년 10월 15일 인쇄
2019년 10월 20일 발행

편역자 : 김우철
발행인 : 장세진
발행처 : 도서출판 학사원

대구광역시 중구 서문로 2가 38-3
Tel. 053-253-6967, 253-6758
Fax. 053-253-9420
등록 : 1975년 11월 17일(라120호)

정가 18,000원

ISBN 978-89-8223-100-1 93690
※파본은 교환하여 드립니다.